重庆市国际化特色项目
中俄科教合作交流平台 中俄语言文化交流中心
"桑搏运动文化中心"建设阶段性成果

桑搏运动教程

【初级版】

主　编：徐泉森

副主编：郭明磊　张鑫杰　饶清秀子

　　　　王小琼　I.A. Korotkikh　闫玉峰

编　委：章智敏　张明阳　赵大辉

　　　　徐大联　杨天赐

山西出版传媒集团　山西科学技术出版社

前　言

桑搏运动是源于俄罗斯的一种优秀格斗技艺，是东西方武学典型的结合体，其文化内容丰富，格斗技术体系完善，具有极强的自卫防身与身体锻炼功效。在当前不断推进高校课程改革，构建多元课程与培养特色化人才的时代，将桑搏运动融入大学体育课程之中，有益于促进大学生身心素质综合发展。

根据大学体育课程目标、受众对象的身体和心理等情况，本教程对桑搏运动的课程内容进行了合理的设计。内容一共分为八章。第一章主要介绍桑搏运动的理论知识，对桑搏运动的起源与发展、技术特点与文化特征、服装和场地竞赛设施，以及桑搏运动在我国的发展进行了概述。第二章到第五章主要介绍桑搏运动的技术体系，包括桑搏的基础技术、地面技术、擒锁技术、站立摔技等。第六章主要介绍了桑搏运动中可能出现的损伤及预防措施。第七章和第八章主要介绍了桑搏运动在大学体育及体育专业选修课中的教学设计。

目 录

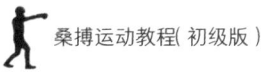

桑搏运动教程（初级版）

第一章
桑搏运动概述

第一节　桑搏的起源与发展

　　桑搏，俄语是 Са́мбо，Сам 是单词 Самозащита（自我防卫）的俄文缩写形式，而单词 Сам 本身也有自己、自我的意思；字母 б 是单词 без 的首字母俄文缩写形式，即无、没有的意思；字母 о 是单词 оружие 的首字母俄文缩写形式，即武器、攻击器具的意思。桑搏的俄语全称为 Самозащита без оружий，意思就是"不带武器的自我防卫术"，也可称其为俄罗斯擒拿术、俄罗斯防卫术、徒手防卫术。从另一方面讲，без оружий 两个单词的俄文缩写即 бо，字面上很容易让人联想到俄语单词 бой，即战斗、奋斗的意思，故缩与词 Са́мбо 也就有了自我战斗、自我奋斗的一层新含义。这不但使桑搏（Са́мбо）的俄语单词释义一语双关，也充满了搏杀和拼搏的意味，更丰富了其内涵。这在俄语缩写词中以及字母文字中是极其少见的语言现象。

桑搏运动的出现是基于苏联专家对于各民族不同形式的摔跤运动研究而产生的结果，同时也是一些热衷于徒手防卫技术教练员宣传和推广的结果。在这方面，值得一提是"迪纳摩"运动协会的教练员斯彼德诺夫。他于1928年出版了《徒手防卫（训练与比赛）》一书。该书的主题思想是，要想更好地发展徒手防卫技术，必须建立完善的徒手防卫的比赛赛制。同时他还建议在学习基础摔跤运动项目（美式自由摔跤、法式拳击、法式摔跤以及英式拳击）的同时，应注重防御技术练习，并提出将自我防卫技术的学习与竞技摔跤运动项目相结合的原则。之后，索洛涅维奇的《自我防卫和进攻》、克罗诺夫斯基和雅科夫列夫的《摔跤和拳击》，以及乌克兰学者布采科的《自我防卫》等书陆续阐述了各自的自我防卫技术理论观点。这些学术著作都为桑搏运动的形成奠定了必要的理论基础。

在运动实践中对桑搏运动的形成做出重要贡献的是奥谢普科夫。1931年至1932年，莫斯科体育学院在奥谢普科夫的带领下开始研究和学习日本的柔道运动。奥谢普科夫本人也曾在日本学习过柔道，且是该方面的专家。奥谢普科夫在教授柔道的过程中，并没有按照日本传统的柔道方式进行授课，而是按照他个人意愿更改了柔道中的很多规则。比如说在服装方面，他并没有采用日本柔道运动中的裤子和上衣，而是采用了运动短裤和专门的上衣。日本柔道运动员在角斗过程中是光脚的，而奥谢普科夫在教学过程中按照欧洲古典摔跤的原则，让运动员穿上了软边沿的运动鞋。在技术层面上，除了柔道中的手臂关节技外，他还允许使用腿关节技，与此同时取消了窒息压制，还提议实行计分制。

然后，相关部门通过对俄罗斯民族摔跤运动、徒手防卫规则的学习研究，并积极吸收奥谢普科夫的柔道教学形式和日本柔道中的技术技巧，逐渐在苏联形成了新的运动摔跤项目。1938 年 5 月到 6 月，苏联人民委员会下属的体育与运动专委会举办柔道和其他民族摔跤项目教练员培训会，负责人是哈尔拉姆皮耶夫。会议最后一天（6 月 7 日）审议了摔跤项目的相关规则、概念划分、教学技巧及方法。11 月 16 日，体育与运动专委会下发了第 633 号文件《关于发展自由形式摔跤的决议》，第一次以国家文件的形式对这种新产生的摔跤项目予以了认可，并将该项目命名为自由形式摔跤。随后，在 11 月 28 日至 29 日举办的五城自由形式摔跤比赛中，列宁格勒代表队获得了第一名。这次比赛的举办为未来全苏个人冠军赛积累了宝贵经验。

今天俄罗斯的桑搏界一直公认斯彼德诺夫、奥谢普科夫以及哈尔拉姆皮耶夫三人是俄罗斯桑搏运动的奠基人。斯彼德诺夫是桑搏运动理论知识层面的先行者，奥谢普科夫是桑搏运动实践技术层面的创新者，而哈尔拉姆皮耶夫则是桑搏运动国家政策层面的推动者。三人的努力推动了一个崭新的运动项目的诞生。

1939年11月23日至25日，在列宁格勒举办了第一届全苏自由形式摔跤个人冠军锦标赛。1940年11月举办了第二届全苏自由形式摔跤个人冠军锦标赛，后因战争原因，该项赛事终止举办。

1947年4月到5月，举办了第二届全苏自由形式摔跤教练员代表大会。由于二战后，苏联开始逐渐推广真正意义上的自由式摔跤，为了不和该项运动名称混淆，并尊重自由形式摔跤项目产生的历史根源，本次会议正式决定将"自由形式摔跤"命名为"桑搏摔跤"（徒手防卫术），并实行定期赛制。同年12月，在莫斯科举办了第三届全苏桑搏摔跤个人冠军锦标赛，共设有7个重量级别，有71名选手参赛。1949年10月16日至20日，在列宁格勒举办了第五届全苏桑搏摔跤个人冠军锦标赛，同时也举办了第一届全苏桑搏摔跤团体冠军锦标赛，最后团体冠军被莫斯科代表队摘得。

从1947年开始，桑搏摔跤项目逐渐在东欧各国广泛传播。苏联的桑搏教练员也开始在东欧各国执教，对桑搏运动在世界上的传播起到了积极作用。而有相当数量的国家、运动员和教练员积极从事桑搏运动，也为其日后成为世界性摔跤项目奠定了坚实基础。1957年，桑搏摔跤项目在国际舞台上第一次崭露头角。苏联和匈牙利通过互访举办了多次友谊比赛。同年，保加利亚成立了桑搏运动协会。1958 年，在西班牙巴塞罗那的世界博览会上，苏联桑搏运动员舒立茨和卡拉苏克进行了集中展示，吸引了世界观众对该项目的关注。1961 年，国际奥委会接纳柔道为正式比赛项目，这也为桑搏运动的发展带来了积极的影响。1965 年，日本成立了桑搏运动协会。1966 年，在美国俄亥俄州托莱多市举办的国际摔跤总会年会上正式接纳桑搏运动为国际摔跤项目，并决定从这一年开始由国际摔跤总会负责举办桑搏运动的国际和欧洲赛事，赛事举办原则等同于自由式摔跤和古典式摔跤。

1967 年，在拉脱维亚里加举办了第一届桑搏国际赛，共有五个国家参赛，分别为苏联、南斯拉夫、蒙古、保加利亚、日本。1969 年，在莫斯科举办了第二届桑搏国际赛，除了原有五国，英国和荷兰也参加了该项赛事。1972 年，同样是在里加，举办了第一届欧洲桑搏公开赛。此后，桑搏世界锦标赛和欧洲公开赛每年定期举办。这两项赛事的大部分冠军基本由苏联运动员获得，但随着赛事影响力的不断扩大，西班牙、蒙古、保加利亚等国的桑搏运动也开始逐渐崛起。

除了上述赛事之外，1971 年，桑搏运动项目正式成为苏联人民运动会项目。1973 年，在乌兹别克斯坦塔什干举办了第一届全苏桑搏苏联杯比赛，其中包括个人赛和团体赛。1974 年，在雷宾斯克举办了第一届全苏桑搏绝对冠军杯比

赛；与此同时，也举办了针对中小学生、少年、青年级别的各类全苏桑搏锦标赛。在国际上，除了国际赛和欧洲锦标赛，1973年，在伊朗德黑兰举办了第一届桑搏锦标赛。1977年，在西班牙奥维耶多举办了第一届桑搏世界杯。20世纪80年代开始出现针对特定人群的世界桑搏锦标赛，包括退伍军人、青少年等。特别值得关注的是1983年在马德里举办的第一届世界女子桑搏锦标赛，提高了女性在此项运动中的参与率。

1985年，苏联国家体育与运动委员会通过了《关于桑搏运动发展程度和规模的建议》。《建议》决定鼓励更多学校开设桑搏课程，提高学习桑搏人员的数量，并积极培养高水平的桑搏运动员。在此《建议》的影响下，桑搏成为当时受到苏联政府广泛支持的唯一非奥运会运动项目。桑搏运动的发展也迎来了鼎盛时期。

20世纪90年代苏联解体以后，政治和经济的动荡给桑搏运动的发展带来了严重的负面影响。与此同时，外来的其他竞技格斗项目也给桑搏的持续发展造成了巨大冲击，包括合气道、空手道，以及我们国家的传统武术等。很多年轻人被这些新的外来竞技项目吸引，逐渐失去了对桑搏运动的兴趣。但是在20世纪末、21世纪初，从桑搏运动中繁衍出来了新的运动形式，即战斗桑搏。与传统的运动桑搏相比，战斗桑搏是一种运用摔技、寝技、关节技、绞技、手部打击技、腿部打击技等全方位攻击的徒手武术。桑搏运动在一定程度上，重新获得了年轻人的关注。

进入 21 世纪，战斗桑搏运动快速发展，迅速成为传统运动桑搏的有机组成部分。2001 年，俄罗斯举办了第一届战斗桑搏锦标赛。2002 年，俄罗斯联邦国家体育与运动委员会承认战斗桑搏运动为新的运动项目。2003 年底，俄罗斯联邦达吉斯坦共和国第一次举办了战斗桑搏世界锦标赛。随后一直到 2007 年，每年分别举办运动桑搏世界锦标赛和战斗桑搏世界锦标赛。2007 年，在捷克首都布拉格举办的第 31 届桑搏世界锦标赛首次将运动桑搏和战斗桑搏纳入同一届赛事中。

在此背景下，俄罗斯国家层面开始积极发展和恢复桑搏运动，重点扶植地方的桑搏运动协会，加大国家和政府财政支持力度，努力提高桑搏运动员水平，积极组织各项桑搏运动赛事。2003 年，俄罗斯联邦国家体育与运动委员会正式确定了桑搏运动为俄罗斯民族优先发展的体育运动项目。由于桑搏运动的开展不需要大型的运动场地和昂贵的运动设备，强烈的对抗性符合俄罗斯民族的战斗精神，因此极易在俄罗斯民间开展。桑搏运动目前在俄罗斯 80 个联邦主体中均有开展，超过 20 万的俄罗斯人从事桑搏运动，其中在 589 个体校和俱乐部中有超过 6 万青少年在从事桑搏运动。

每年在俄罗斯举办的各项桑搏赛事超过 150 多项，包括全俄男女桑搏锦标赛，针对男女青少年、退伍军人、大学

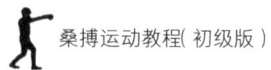

生等群体的全俄桑搏锦标赛，还有以为桑搏发展做出贡献的人士和运动员或是以重要国家历史纪念日命名的杯赛。最具有代表意义的当属每年胜利日举办的"胜利"全俄二战英雄城市以及俄罗斯各联邦区青年团体桑搏国际赛。俄罗斯还定期举办世界最高水平的国际赛，包括俄罗斯联邦桑搏总统杯、纪念哈尔拉姆皮耶夫桑搏世界杯以及其他一些赛事。苏联解体后，俄罗斯不止一次承办桑搏欧洲公开赛和世界锦标赛。与此同时，桑搏运动的学习和训练是俄罗斯执法机关人员必修的竞技课程，也逐渐成为俄联邦内务部、安全部以及特种部队人员日常训练的主要手段之一，并定期在各部举行多种多样桑搏运动赛事。而在世界层面，桑搏运动于 2010年正式成为中国北京首届世界武搏运动会项目，2013 年成为第 27 届俄罗斯喀山夏季大运会正式比赛项目，2017 年成为土库曼斯坦阿什哈巴德亚洲室内和搏击项目运动会的正式项目。桑搏运动以其稳健的步伐逐渐走向世界。

2008 年，在莫斯科红场举办了盛大的桑搏运动历史纪念仪式，确定每年 11 月 16 日为全俄桑搏纪念日。2009 年，全俄 50 个城市在该日举办了纪念活动。2015 年，全俄 120 个城市、超过 15000 名桑搏运动员参加了纪念活动，达到了历史的顶峰。2016 年，在摩洛哥举办的国际摔跤总会年会上正式确定每年的 11 月 16 日为世界桑搏运动纪念日。桑搏运动纪念日的设立大大增强了该项运动在世界，特别是在俄罗斯的影响力。每到纪念日，全俄各地举办各种类型的桑搏纪念和比赛活动，在加强宣传的同时，也增强了俄罗斯各地人民的民族认同感，增强了俄罗斯民族的自豪感，激发了俄罗斯全社会极大的爱国主义热情。特别值得说明的是，俄罗斯总统普京是摔跤运动的极度爱好者，他为桑搏运动在俄罗斯的快速崛起提供了强有力的政治支持，而这也是俄罗斯桑搏运动蓬勃发展的重要外部原因。

第二节　桑搏技术特点

桑搏是一种综合格斗运动，主要以摔跤、柔道技术为主体，所以在早期桑搏比赛中，都是以肢体的摔、投、绞等摔柔技术为主，而且项目比赛规则以摔跤为导向制定。随着时代的发展，综合格斗开始成为搏击的主体，单纯的摔柔技术已经显得单调，这个时候另一种桑搏应运而生，即格斗桑搏。格斗桑搏在传统桑搏摔柔内容基础上，加入大量的踢拳技术，不仅使桑搏格斗体系更加完善，也使桑搏从单一的摔跤项目转变成为真正意义上的综合格斗运动。随着格斗桑搏开始普及，其体系也在不断完善。在发展过程中不断吸取其他格斗技术来丰富自身的技术内容，时至今日，桑搏已经成为一种

包含踢、打、摔、拿的综合格斗技术。在桑搏技术体系之中，除了格斗对抗技法外，还有着许多提高身体灵敏性、柔韧性及力量等内容。

第三节　桑搏的文化特征

一、东西方武道内容的完美结合

从桑搏发展源流来看，桑搏投摔技术内容很多是基于日本柔道及柔术技术特点发展起来的。日本武道是东方文化圈里的一朵奇葩，其技术体系与文化内容是在借鉴了中国武术基础上再结合本国文化精髓发展起来的，所以包括空手道、柔道、剑道等内容的日本武道具有极强的东方文化特征。与东方武道形成鲜明对比的是以追求更高、更快、更强的西方竞技体育形式，拳击、古典及自由式摔跤等格斗搏击项目代表了西方范式的武道内容。因为文化源流不同，所以东西方武术搏击体系有着明显的区别。桑搏运动是一种典型的东西方武道结合体，在技术层面有着东方武道的身体攻防技击特点，在运动竞技需求导向上又有着明显的西方体育拼搏争胜的价值取向。由此可见，桑搏是一种东西方文化的综合体，两种文化思想内涵中所表达的对于身体搏击的理解通过身体格斗形式进行展现。

二、尚武善战的斯拉夫民族性格

俄罗斯国民一直被冠以"战斗民族"的称号，虽然是一种非官方的称呼，但是客观来说也显示出了其彪悍的民风。桑搏是一项对抗性极为激烈的格斗类项目，在俄罗斯有着极为广泛的人群基础，同时也是最受青年人喜爱的体育活动之一。正如前文所提到的，俄罗斯专门设立了国家桑搏纪念日，这足以说明俄罗斯人民对于格斗项目的钟爱。而桑搏在俄罗斯的流行与普及也客观印证了俄罗斯主体民族——斯拉夫族崇尚勇武的民族性格。随着历史的发展，俄罗斯逐渐形成了以斯拉夫文化为核心的国家文化特征，并衍生出了斯拉夫主义。斯拉夫主义在 19 世纪成为俄罗斯社会思想的主体思潮，时至今日，斯拉夫文化一直是俄罗斯国家文化自信、思想价值取向的主导，已经融入了俄罗斯国家文化的血脉之中。历史与地缘及族群纷争等因素，造就了斯拉夫民族善战的性格，这种善战的民族文化基因一直延续到了今天的俄罗斯。桑搏运动在俄罗斯全境的广泛开展也很好地诠释了俄罗斯"战斗民族"的族群特征与国家文化特征，同时更是俄罗斯斯拉夫民族文化之中尚武善战特性的身体外延表现形式。

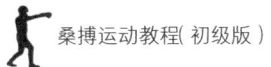

三、爱国主义与国家意识教育的突显

毫不夸张地说，桑搏运动是俄罗斯体育文化的一个典型象征，因为桑搏是俄罗斯人民自己创造出来的一种格斗技艺，其攻防技术之中既体现出了俄罗斯人民对于身体格斗的理解与智慧，同时桑搏体系又彰显了斯拉夫民族善战英勇的民族性格，所以俄罗斯把桑搏看作一种带有国家象征的文化符号。桑搏纪念日的确立及该项目在俄罗斯国家之中受到国民的推崇都很好地说明了其已经超越了体育运动范畴，上升到了公民教育和爱国主义的高度，即通过桑搏来提高国民对于本国文化的认知。纪念桑搏的活动已经形成了一种长效机制，桑搏已成为俄罗斯国家文化的一种特殊象征，而俄罗斯政府也通过源于本土化的桑搏运动来强化国民的国家意识、激发爱国主义精神。

第四节　桑搏服饰和场地竞赛设施

一、桑搏服饰

国际桑搏总会（FIAS）的官方比赛仅允许使用经过其合格认证的桑搏服装。（图1、图2）

图1

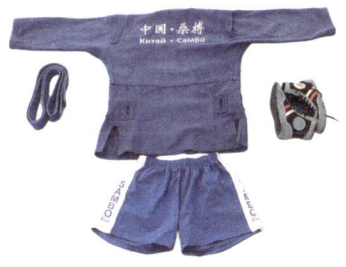

图2

参赛服装包括桑搏上衣、桑搏鞋和桑搏短裤。桑搏服与腰带应由专用的红色或蓝色棉布纺织物制成。袖长必须到手腕，袖口必须在手臂和布料之间保持至少10厘米的长度。在桑搏上衣腰部留两条开口，腰带必须穿过这些开口，紧紧围绕躯干缠绕两圈，从前面打结，固定两扣。桑搏上衣的底边必须在腰带线以下25~30厘米处，腰带打结之后两端长度不得超过桑搏上衣底部长度。桑搏服镶边必须按照FIAS技术说明书进行制作。红色、蓝色或复合色（红蓝）桑搏鞋应由软质纺织品制成，软底。红色或蓝色桑搏短裤应由合成针织品制成（单色）。短裤长度上到腰带，下到大腿中部。为防止关节损伤，允许使用绷带和胶带，但禁止选手在比赛中佩戴坚硬物。膝关节所使用的绷带、胶带或弹性护膝都必须与所穿桑搏服颜色一致（红色或蓝色）。禁止穿戴超出桑搏服边缘的服装（短裤、筒袜、女式套袖背心等）。参赛者须穿红色桑搏服出席开闭幕式及颁奖典礼。女运动员穿白色短袖（短袖不允许有图案和文字、不干净、破旧、袖子过长）。

二、桑搏场地（国际桑搏联盟比赛场地）

桑搏比赛场地整体规格是由11米×11米的垫子和盖单组成的。垫子由弹性合成材料制成，厚度必须为5厘米。整个垫子的表面应由合成材织物制成，应平整光滑（无粗糙接缝），但不能打滑。盖单应紧绷并牢固固定。场地盖单必须消毒。盖单要拥有以下标志：1. 比赛区域为直径 8 米的圆形垫子。2. 垫子的中心标记 FIAS 徽标，该徽标在直径为 1 米的圆圈内。3. 垫子的两个对角要标有红（仲裁左侧）、蓝（仲裁右侧）两色。在每个方向上，铺设垫子的区域至少要比比赛垫子宽 1 米。当使用多块垫子进行比赛时，须将它们并排放置，无缝铺设。在平台上举行比赛时，高度不应超过 1 米，平台的侧面应该向外倾斜 45 度。垫子和竞赛设备的适用性由 FIAS 技术委员会代表确定。所有官方比赛只能使用由 FIAS 许可的垫子。

三、桑搏竞赛设施

1. 声音信号必须足够响亮。

2. 称重秤必须校准。

3. 秒表必须有一个停止和启动设置，确保直到回合结束不会重置时间和读秒数。

4. 为了向观众和参赛者展示比赛过程的相关信息，应在垫子两侧安装电子显示板，上面显示运动员的得分情况。

5. 所有垫子必须配备机械计分板、锣和手动秒表，以便在电子显示板缺乏电源或故障的情况下比赛能够继续进行。

6. 每个副裁判的桌子上都要配备连接到摄像机且对角线至少为 50 厘米的显示器，以便裁判员观看视频资料。

7. 在服装检查区域，必须有测量比赛上衣的标准仪器。

8. 在每个垫子附近，必须有专门用于在比赛期间紧急清洁地毯的器具。

第五节　桑搏运动在我国的发展

桑搏运动以官方形式进入我国的时间较晚，但是在中俄两国传统友谊的基础上，民间的人文科教交流繁多，这也使得桑搏在民间层面有着很好的传播。一些武术搏击爱好者接触了桑搏运动后，根据桑搏运动的特点，撰写了相关的文章，成为最早大众了解并学习桑搏运动的窗口。科普作家张海先生对桑搏突出的实战价值给予了高度的认可，他编著了多部关于桑搏的书籍，如 2010 年出版的《实战桑搏》，2012 年出版的《桑搏地面缠斗：臂锁绝技》《桑搏地面缠斗：技术核心》《桑搏地面缠斗：腿锁绝技》，2016 年出版的《街战桑搏》与《实战桑搏》等。这些书籍对桑搏格斗技术进行了很详细的介绍，加深了我国广大武搏爱好者对于桑搏运动的了解，促进了桑搏运动的推广。

随着中俄两国合作的不断加深，桑搏成为两国人文科教领域交流的重要纽带与桥梁，各类以桑搏运动为核心的交流开始增多。2019 年 5 月 9 日，受国际桑搏协会及俄罗斯教育与消费者协会等主办方邀请，由内蒙古呼伦贝尔扎赉诺尔区文体旅游广电局派出的青少年代表队参加了俄罗斯"胜利"纪念日桑搏锦标赛。青少年代表队经过奋勇拼搏，取得了较好的成绩。2019 年 5 月 16 日，"中国式摔跤"锦标赛暨与俄罗斯桑搏项目交流活动在黑龙江省绥芬河市举行。在此次活动中，来自俄罗斯的桑搏运动员将桑搏精湛的格斗技艺进行了全方位的展示。此次活动促进了中俄两个国家优秀民族传统体育项目的交流，为桑搏进一步在我国推广及中国式摔跤国际化推广起到了桥梁作用。

桑搏从运动类型来看，是一项典型的摔柔类项目。为了更好地在我国推广桑搏运动，规范桑搏运动的发展，国家体育总局举重摔跤柔道运动管理中心于 2019 年 5 月在北京举办了我国首届桑搏教练员、裁判员培训班，该次培训班云集了国内外桑搏领域的优质师资力量，如俄罗斯国立体育大学的塔巴科夫教授、成都体育学院的龚茂富教授等，该培训班的举办标志着桑搏运动得到了官方的重视，同时也预示着桑搏运动在我国开始走上了快车道。2020 年 1 月 13 日，在河南商丘举办了 2020 全国桑搏教练员、裁判员、运动员培训班，培训班的持续开设更进一步推进了桑搏运动的发展。

桑搏运动在我国逐渐推广开后，相关地区也成立了桑搏运动的组织。在全国社会组织信息信用公示平台，以"桑搏"为关键词进行查询，获悉已经有两家社会组织注册了与

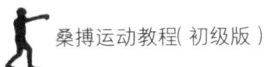

桑搏相关的协会。第一个是 2016 年 10 月成立的锡林郭勒盟
"桑搏"摔跤协会，第二个是成立于 2020 年 9 月的黑河市铁
浮图桑搏俱乐部。

我国香港特别行政区有着极为深厚的格斗运动底蕴，因
此也较早地开展了桑搏运动，有着专门的桑搏总会。2018 年，
香港举办了首届粤港澳桑搏锦标赛，在赛事过程中，还进行
了由中国香港桑搏总会主办的首届亚洲桑搏联盟裁判研讨会
及裁判考核。

鉴于桑搏运动在提升身体素质、培养格斗防身能力与磨
炼意志品格等方面的重要作用，一些高校开始尝试把桑搏运
动引入学校之中。以中国大学生体育协会柔道分会为引领，
开启了桑搏运动在高校体系化发展之路。2022 年 8 月 11 日
至 12 日，由中国大学生体育协会主办、中国大学生体育协
会柔道分会作为执行单位、重庆文理学院作为承办单位的
2022 年全国高校桑搏教练员、裁判员线上培训班顺利举行。
龚茂富、Tabakov Sergey（俄罗斯）、葛小龙、徐泉森等国内
外桑搏运动领域专家学者从桑搏历史与文化发展、桑搏运动
的技术构成、桑搏运动的运动规则等方面进行了系统的讲授，
参与培训的高校师生近 400 人。这也是我国第一次在高校范
围内有组织地开展桑搏相关活动，桑搏国际联合会采用俄语
与英语对该次培训进行了详细的报道。此次培训开阔了我国
高校师生的视野，促进了大众对桑搏运动的认知，为桑搏运

动在我国的开展撒下了重要火种。重庆文理学院与俄罗斯高校在人才培养、科学研究领域长期保持着高质量的合作，学校申报的"中俄科教合作交流平台"于 2020 年 8 月获批重庆市国际化特色项目立项建设单位，其中"桑搏运动文化中心"是该项目实施的重要内容之一。

第六节　桑搏运动对培养大学生身心素养的作用

一、桑搏运动对大学生身体素质发展的积极作用

促进身体素质提高是大学体育教育的核心目标之一，因此在大学体育教学之中，要把通过体育锻炼促进学生身体健康、各项身体素质的全面发展放在重要位置。桑搏运动作为一项摔柔类格斗项目，在日常学习、训练中，对学员的身体素质有着更高的要求。因此在大学体育之中科学、合理地开展桑搏运动，可以很好地促进大学生身体素质的发展。首先，力量素质。桑搏运动施展各种投技，对于手臂力量有着极高的要求。除了手臂力量外，大学生进行桑搏的学习也可以很好地提升腰腹力量。其次，灵敏素质。在桑搏运动的练习体系之中，步伐移动、攻防转换移动的灵敏性是重要的技术手段，学生通过桑搏的学习，进行基本技术的练习后，可以很

大程度地提升自身的灵敏素质。最后，耐力的提升。众所周知，摔柔类格斗项目对耐力有着极高的要求。桑搏运动在个人技术练习与对抗过程中需要很好的耐力素质，特别是在桑搏的各项训练中，也十分强调耐力素质的提升。学习桑搏运动可以很好地提升学生的耐力素质。

二、桑搏运动对大学生心理素质发展的积极作用

摔柔类格斗项目与其他体育运动相比，对练习者的心理素质有着极高的要求。摔柔类格斗项目需要进行深度的肢体对抗，通过技术的运用把对方摔倒或者制服。在这个对抗的过程中，除了需要身体素质与格斗技术外，对心理素质也是极大的考验。桑搏是摔柔类项目的典型代表，在大学体育之中，对这种高对抗的运动进行科学化的课程设计，可使其成为一项课程资源。大学生通过各类桑搏技能的学习，能有效克服对于技术中倒地的恐惧，培养勇敢的精神；同时在桑搏的练习对抗中养成抗挫折的能力，使心理素质得到有效提升，从而塑造优秀的品质与人格。

三、桑搏运动对提升大学生社会适应能力的作用

大学生不同于中小学生，在毕业之后，除了部分攻读研究生学位的学生外，更多的人会直接步入社会。因此在大学的各项课程设置与人才培养中，就需要充分考虑学生的社会

适应能力。体育运动的本质属性之中有着重要的社会适应功能，通过体育锻炼可以改变人的精神面貌，全面提升人的社会适应能力。桑搏运动在大学教学过程中表现出的社会能力主要体现在自卫防身上。大学生步入社会后，要融入工作、生活之中，在这种情况下，自卫防身技能会成为一种特殊的社会适应技能。摔柔类项目在实战对抗之中有着巨大的优势。桑搏运动是一项非常实用的格斗技术，学生在桑搏课程学习中，如果能掌握几项技术，并且有着较好的身体素质，可以很好地起到自卫防身的效果。

四、桑搏运动在大学体育及体育选修课中开展的不可代替性

（一）防跌防摔技能的学习

跌倒与摔倒是人们在日常生活中不可避免的情况，各种不确定因素造成的摔倒是人体遭受外在伤害的主要原因之一。从格斗运动项目属性来看，摔柔类项目的核心技术是把对方摔倒或者是利用寝技降服对方。在摔柔类运动过程中，如何在倒地过程中保护自身免受伤害是此类运动的基本技能，如国际摔跤、中国式摔跤、柔道、桑搏等项目学习过程中都有相关内容。在这些技术的学习中，防摔防跌是核心内容。学习了防跌防摔技能后，学生可以避免一些意外情况的

发生，对于保护自身的生命安全有着极为重要的意义。

大学体育及体育教育等专业学生，很少接受过摔柔的相关专业训练与学习，因此在学习桑搏过程中，要对防跌防摔技能进行系统学习，而且这部分内容是整个桑搏课程的重点。

（二）"全面化"练防摔

练防摔是指锻炼、防身、摔打等相互结合的全面性练习过程，这是桑搏运动极具特色的一点。桑搏从种类属性上属于民族摔跤，但是相比其他竞技项目，桑搏的全面性、多样性是无法替代的。这里以"后手直拳接双腿抱摔接十字锁"技术动作为例，完美地诠释了桑搏运动技术的多样化连接，无论是单一的击打技术还是复杂的抱摔技术，都可以完美地连接起来，弥补动作的不足之处。比如在街头遇见歹徒，击打出后手直拳后无法将对方制服或者让对方倒地，连接使用抱双腿摔技就可以弥补后手直拳的不足。在日常练习中，"一举多得"的锻炼体系也是无法替代的，比如甲乙进行实战练习，甲在摔倒乙的同时对自身的力量、协调性、核心力量等都进行了强化训练；乙在被摔时，也可相对提升自身的心肺功能和抗击打能力等。

第二章
桑搏基础技术

第一节　桑搏倒地技术

　　桑搏倒地技术是一种倒地时的自我保护方式，即在被对手技术动作摔倒或者热身活动中自我倒地时，用于减轻地面对身体造成冲击力的一种技术，同时也是一种加强自我保护意识的锻炼方式。桑搏倒地技术与摔跤、柔道、中国式摔跤有很多相似之处，例如前倒、后倒、侧倒、后身转体前倒、侧滚翻倒地，以及一些滚翻技术也都会用到倒地保护。倒地保护作为桑搏练习最基础的技术动作，也是最实用的自我保护方法。在课程开展的最初阶段，让学生形成良好的自我倒地保护意识。开始练习的时候可以在地上放置一块较为柔软的垫子，首先让学生准确无误地掌握倒地动作，随后再以身体距离地面较近的姿势练习，然后再将身体逐渐升高练习，

最后掌握倒地技术。

一、前倒

双脚平行站立，双手放于裤缝间，身体前倾往前倒地。倒地时，两臂在胸前半屈呈 90 度，在落地瞬间脚趾撑地，腰部收紧，切记腰部不能松软，两臂撑稳。（图 3 至图 6）

图3　　　　　　　图4　　　　　　　图5

图6

动作要领

向前倒地时，在落地瞬间双臂、脚趾、腰部三点同时发力，关键点在于腰部。腰腹力量和核心力量薄弱的人，平时可以加强这两项的力量练习，例如练习双人小推车、两头起等动作，可以快速有效地加强核心和腰腹力量。

二、后倒

后倒技术是桑搏运动中最实用的倒地技术之一。后倒技术涉及整个后背包括整个后脑区域以及胸腔，是最具保护性的倒地技术，所有的被摔动作都会用到后倒技术。身体呈站立姿势，下蹲到半蹲，两臂放于胸前与地面平行，上体后倒，胸腔和腰腹收紧，含胸低头，团身，落地的瞬间双臂同时拍垫，减缓落地的冲击力，对身体进行保护。（图7至图10）

图7   图8

图9   图10

动作要领

后倒是所有倒地技术里面最实用，也是在最开始接触倒地技术时较为危险的动作。含胸低头一定要注意颈部需要时刻保持高度紧张状态，落地时腰腹部要蜷缩紧，避免胸背部和后脑部位撞击桑搏垫。前期训练一定要慢，可以用软垫子进行练习整体后倒感觉；中期技术逐渐规范后，有了一定的自我保护意识，再在桑搏垫子上进行练习；后期动作熟练后，可以采用半蹲后倒或后跳等方式加大难度，加强自我保护的意识，落地瞬间必须要用全臂拍打垫子，避免手臂肘关节和肩关节受伤。

三、侧倒

侧倒技术要求两脚平行站立，根据学生惯用手来练习，这里以右手为惯用手示范。左脚向前跨一步，含胸低头，腰腹部用力绷紧，但不蜷缩，右脚向左上方抬起，然后慢慢朝右侧倒地，落地的瞬间右手拍打地面或垫子可缓解冲击力。如果以左手为惯用手，动作相同，方向相反。（图11至图14）

| 图11 | 图12 | 图13 |

图14

动作要领

侧倒技术对于初学者来说，可能无法很好地掌握倒地方向。在前期训练时我们可以进行一些辅助练习，如单腿站立感受重心向一边侧倒的感觉；中期加强学生侧后倒地的感觉，但切记倒地两脚不能交叉摆放；最后进行完整练习。

四、侧手滚翻倒地

双脚平行站立，与肩同宽。左脚向前上步约 20 厘米，身体半蹲，右手臂放于左手腋下，左脚向前方蹬地发力，含胸低头，身体向前滚翻，落地时顺势右肩先触碰桑搏垫，腰部顺力向前滚翻。当整个身体翻滚过去的一瞬间，左手拍打桑搏垫。（图 15 至图 18）

图15

图16

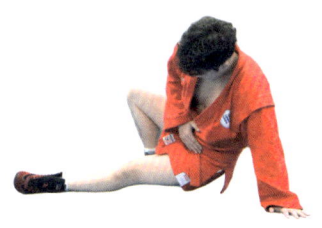

图17   图18

动作要领

侧手翻作为倒地类核心技术动作，其要领在于，含胸低头，身体朝侧前方翻滚，落地瞬间放于腋下的那只手臂拍打垫子，双腿切勿交叉。

五、后身转体倒地

双脚平行站立，与肩同宽，类似于在后倒地技术的基础上增加了一个转体腾空动作，双脚半蹲，发力向后跳，在空中转体落地时，双手撑地，胸、腰、腿贴于桑搏垫，双手拍击桑搏垫。后身转体倒地技术对于初学者来说，了解即可，为后期进一步练习奠定基础。该技术主要用于后过桥摔和后摔动作。（图19至图22）

图19　　　　　　　　　　　图20

图21

图22

动作要领

后身转体倒地技术动作危险性非常大，对于初学者来说了解即可，切勿进行练习。动作要领在于后跳空中的转体及反应能力，该技术需要长时间的练习才能掌握，前期可以通过下腰、过头翻等辅助动作来进行练习，切勿心急尝试。

第二节　桑搏基础步法

一、上步

上步技术动作在摔跤、柔道、拳击等项目中都有运用，是最为基础的步伐。双脚平行站立，与肩同宽。一脚向前一步约 20 厘米，另一脚跟进，一脚在前，另一脚在后，按照此循环练习。（图 23）

图23

动作要领

上步是最基础的步法，上步时首先需要注意左右脚的先后顺序，其次就是注意每次上步的距离要超过第一次上步的那只脚，例如：左脚上步，右脚的位置一定是在左脚前面大约30厘米的位置，初学者切记不能慌乱，各种动作练习需要循序渐进。

二、背步

身体笔直站立，双脚平行，与肩同宽。以右手为惯用手，右脚向前上步约20厘米，左脚脚尖落于假想敌的左脚前方，脚尖踩实，落地同时身体向左转。背步技术是桑搏站立技术里比较常用的步法之一。（图24、图25）

图24   图25

动作要领

背步技术的练习应循序渐进，要一步一个动作来练习。注意背步的位置不能超过对手双脚间距。背步的瞬间需要降低重心，这样才能有力量完成后续的技术动作。在练习背步时，可以找一根木棍或者一根皮筋进行练习，每次背步不能超过参照物，始终保持背步后步法呈一条直线。

第三节　桑搏基础翻滚

一、团身

团身，顾名思义把身体想象成一个球，身体下蹲坐地，双脚并拢向胸前靠，双手抱膝，低头目视脚背。（图26）

图26

动作要领

双手抱膝的同时双脚要并拢，团身要紧，控制自身重心切勿过度前倾或后倒。

练习方法

练习初期可以进行夹物练习，在腹部放上物品，如瑜伽球、篮球、足球、排球等，用双脚和躯干夹住物品进行移动，为了使物品不掉落必须保持全程团身，并且团身要紧。

二、前滚翻

双脚平行站立，然后呈蹲撑姿势，双手撑地的同时含胸低头，蹬地发力，身体顺势向前倾，借惯性完成滚翻。落地先后顺序为颈部、背部、腰部、臀部。在落地的同时，双手抱于膝盖前侧借惯性完成动作。(图27至图30)

图27　　　　　　　　　　图28

图29　　　　　　　　　　图30

动作要领

前滚翻作为桑搏运动最基础的翻滚类技术，要领在于翻滚需要团身，刚开始练习时需要掌握技术动作的走向，形成

自我保护意识，必要时老师可以进行保护与帮助。

练习方法

前滚翻练习初期可以借助斜坡或助跳板进行练习，将助跳板放在下面或将垫子铺在斜度 10~15 度的坡地上，由高处向低处滚翻。

三、后滚翻

后滚翻也是一种基本的桑搏热身动作，由蹲撑姿势开始，双臂推撑要均匀用力，身体后倒，臀部、背部、颈部、头部依次着地，滚动要圆滑。当双脚着地瞬间，迅速抬头，双手支撑推地，上体抬起呈蹲撑姿势。（图 31 至图 34）

图31　　　　　　　　　　　图32

图33　　　　　　　　　图34

动作要领

后滚翻与前滚翻比起来难度更大。初学者会对向后滚翻有一种恐惧感，必须熟练掌握团身技术。后滚翻是靠向后的惯性，在团身的同时双手推地，所以推手技术在这里也尤为重要。

练习方法

与前滚翻练习方法相似，只不过动作走向是从高到低，建议用半米到一米的木板，使之离开地面15厘米左右，让学生从上往下滚。

四、倒立前滚翻

倒立前滚翻也是桑搏运动比较经典的滚翻动作之一，它对上肢力量和身体协调性有一定的要求。初始姿势为双脚平行站立，身体下蹲，双手落于脚尖前10厘米左右的位置，手掌撑地，腿部向上摆起，身体倒立，含胸低头，向前翻滚，

落地顺序依次是后颈部、肩部、腰部、臀部、腿部，最后双手抱于膝盖完成动作。（图35至图38）

图35　　　　　　　　　　图36

图37　　　　　　　　　　图38

动作要领

倒立技术需要一定的上肢力量，落地时必须含胸低头，触碰到垫子的瞬间完成团身动作，切勿头部笔直落于桑搏垫上。

练习方法

倒立前滚翻主要技术在于倒立和前滚翻技术的衔接。初学者主要以倒立练习为主，这里推荐在桑搏垫上进行双人练习。保护倒立的人位于倒立人前大约 20 厘米位置站立，双手握住倒立人的脚踝部位。这样既可以充分保护倒立人的安全，也能让保护的人看清楚技术动作要领和倒立人的错误点。

五、前滚翻分腿起

身体呈站立姿势，俯身，微屈双臂向前的同时，膝盖微屈，含胸低头，手撑地的同时推手向前翻滚，双腿离开地面，与自身上体形成 90 度直角时分腿落地，同时双手落于双腿之间撑地起身，完成分腿起的动作。（图 39 至图 42 ）

图39

图40

图41

图42

动作要领

前滚翻分腿起练习，推手撑地是关键，注意分腿的时机切勿太早，也不能太晚，落地后快速撑地起来。

练习方法

刚开始练习前滚翻分腿起的时候可以不用手撑地，先感受分腿的时机，滚翻过去坐于地面。腿部练习达到一定程度，能准确掌握分腿时机时，再推手撑地发力。

六、屈体后滚翻

屈体后滚翻作为后滚翻的进阶版，训练目的是拉升背部肌肉，增强落地自我保护意识。练习者双腿并拢站立，俯身，微屈双臂向前的同时，膝盖微屈，含胸低头。上体前屈，两侧手臂向后下方撑垫。臀部着地的瞬间，双腿迅速抬起，屈臂，掌心置于上方，位于肩上，接着迅速用腰胯带动双腿翻

滚，手臂撑地推手。落地的瞬间，双腿还是保持直立并拢，顺势起身完成动作。（图43至图46）

图43　　　　　　　　　　　　图44

图45　　　　　　　　　　　　图46

动作要领

1. 屈体后滚翻练习，翻滚落地时双腿直立不可弯曲，注意推手时机。

2. 注意翻滚前两侧手臂向后下方撑地，这一点非常重要，如果初学者没有做到这一步，大多数会卡在半空中翻滚不过去。

练习方法

屈体后滚翻技术核心在于推手挺胯，对学员上肢力量要求非常高，平时多进行倒立训练。

七、直腿前滚翻

身体自然站立，俯身，微屈双臂向前的同时，膝盖微屈，含胸低头，手撑地的同时推手向前翻滚。练习者在翻滚时要

图47　　　　　　　　图48

图49　　　　　　　　　图50

时刻保持双腿并拢、直立，双腿落地同时，双手向双腿外侧
向下撑地，顺势起身站立。（图 47 至图 50）

动作要领

直腿前滚翻技术的核心点在于落地时双腿直立，双腿落
地起身时脚后跟着地。

练习方法

1. 直腿前滚翻不用翻滚站起，只需要感受动作走向，始
终保持前滚直腿落地坐于地面。

2. 可进行适当的腹肌练习，如单杠腹肌练习，双腿并拢
直立，向上收腿。

八、鱼跃前滚翻

身体呈半蹲姿势，双脚并拢，屈膝半蹲，双臂放至身体后上方的位置，双臂由后向前摆动，同时双脚蹬地向前腾空跳起。身体向前上方跃起，在空中保持双臂前伸、含胸低头，落地的瞬间双手撑垫，身体向下落。在双手触碰到垫子的瞬间，顺势做出屈臂低头的动作，接着团身向前滚动，抱紧双腿，含胸收头。（图51至图55）

图51

图52

图53

图54

图55

动作要领

1. 许多学员在练习鱼跃前滚翻时，最容易出现的技术失误是蹬摆不协调，可以进行原地蹬摆练习。

2. 屈臂过早也是经常出现的一种错误动作，可以进行原地蹬地支撑练习。

3. 鱼跃前滚翻最主要的核心点在于蹬地腾空，所以起跳一定要腾空，其次注意落地时含胸低头，保护好自己。

练习方法

1. 可以利用海绵垫练习从高向低的远程前滚翻，注意屈膝、收腿、团身滚动。

2. 可进行障碍练习，可适当设置障碍高度。左侧站一人，在练习者起跳瞬间可以扶住其腰腹部，帮助其感受动作走向，这样也能起到保护作用。

第三章
桑搏拳法技术

第一节　拳法准备姿势

一、抱架

桑搏拳法抱架本质上和拳击抱架一样，以惯用手为主，分为左架和右架。这里以右架为例。左脚在前，向外呈45度角站立，双腿微屈，重心落于两腿之间，也可将重心放在右脚，后脚跟微抬，收腹。右架站架时，左脚在前，右脚在后，双手握拳，左手为前手，右手为后手。前手放在眼前，手臂呈斜度，手腕轻微扣下，拳峰与眉眼齐高；后手放在脸颊旁，手腕扣住脸颊，小臂夹紧，下颌向下微收住，侧身，大臂护住肋骨（注意不能耸肩）。同理，左架与右架动作相同，方向相反。任何拳法的基础动作都是以抱架开始的。

动作要领

抱架是战斗式桑搏最主要的基础技术，要领在于不能耸肩，左右脚按照自我惯用手前后站，切勿平行站立，出拳手腕微微内扣也是非常重要的一点。

二、握拳方式

首先五指闭紧呈掌，其次除大拇指外，其余四根手指弯曲向手心内扣，最后大拇指放在食指和中指的外侧。

动作要领

握拳时不要用力过度，适当放松大拇指，放于食指和中指外侧。

第二节　拳法技术

桑搏运动包含了踢、打、摔、拿等综合格斗技术。拳击技术是桑搏运动的核心技术，直拳、摆拳、勾拳这三种拳法都是基础、实用的拳法技术。

一、直拳技术

双脚前后站立，左手紧贴左脸（右手出拳为惯用手），右手置于下颌右侧，双眼平视前方。右脚蹬地用力，右侧髋关节带动身体旋转发力，同时右肩向前快速送出。击打部位为对方头部，右拳送出直线。出拳后迅速按出拳路线收回，恢复抱拳姿势。

动作要领

直拳发力并非简单地出拳，而是要与腰胯部同时发力。出拳需要快速有力，直拳通常适用于远距离击打，击打对手同时要注意保护自己的肋部和脸颊，做到攻防结合。首先在原地进行练习，要求动作连贯，在出拳时感觉髋关节转动的路线，带动手臂直线挥动。

二、摆拳技术

摆拳有前后摆拳，即前手摆拳和后手摆拳。摆拳无疑是桑搏拳法技术最大的利器，唯一缺点是前摇太长，出拳时机不合适，易被对手抓住空当。摆拳的击打路线与直拳击打路线有所不同，摆拳更注重于侧面击打。

前手摆拳技术：身体以抱架站立，前脚向前迈一步，后脚不动，向前上方出拳，手臂呈弯曲斜度，收下颌，大臂抬高贴耳朵，握拳扣腕，拳峰向下，与眉眼齐高，转肩、转胯，重心落于两腿之间，双腿微屈，拳从侧面挥出。

后手摆拳技术：身体以抱架站立，前脚向前迈一步，后脚跟进到前脚初始的位置，转肩、转胯、蹬地，后手出拳时手臂弯曲，大臂抬高贴耳朵，握拳扣腕，拳峰向下与眉眼齐高。前手交替防守收回，放在另一侧脸颊。后脚上步时，应用前脚掌点地，前后腿微屈呈弓步，后脚掌微抬起。出拳后收回时，应该先撤后脚，后手按打出路线收回，顺势带回前手，并收回前脚，恢复拳击抱架姿势。

动作要领

摆拳技术虽然杀伤力大，但是前摇路线长，很容易被对手识破。重心在两腿之间，注意身体不可前倾或后倒，头不能太偏，击打的目标最好是对手侧脸、肋骨外侧等部位。

三、勾拳技术

勾拳是桑搏运动和拳击比赛中最常用的技术之一，一招制胜的功能使其成为所有拳法中最具代表性的击打技术。勾拳可分为前后手平勾拳和前后手上勾拳。

前手平勾拳技术：身体以抱架姿势站好，前脚上步，转髋的同时前手出拳，重心降低，双腿弯曲，收下颌，击打部位为腹部或腰两侧，击打后按出拳路线收回。

后手平勾拳技术：身体以抱架姿势站好，前脚向前迈一步，后脚跟上，转肩、转胯、蹬地。后手出拳时，重心降低，双腿弯曲，收下颌，击打部位为腹部或腰部两侧。击打后按出拳路线收回。

前手上勾拳技术：身体以抱架姿势站好，前脚上步，前脚掌点地，同时转肩、转胯，前手大臂带动小臂向上呈60度，握拳扣腕，用拳峰击打对手的上颌或腹部，重心在两脚之间。击打后按出拳路线收回。

后手上勾拳技术：身体以抱架姿势站好，上前脚、跟后脚的同时，转肩、转胯，后脚掌蹬地出拳，后手贴脸出击，大臂与小臂呈60度，向对手上颌或腹部进行击打。击打后按出拳路线收回。

技术要领

无论是上勾拳或平勾拳，出拳时转肩、转胯、蹬地要一气呵成。

第三节　拳法步法组合

一、拳法组合

（一）前手直拳接后手直拳

前手直拳接后手直拳是战斗式桑搏最基础的拳法击打组合。组合拳主要运用于格斗对抗，特点是动作相对简单，击打效果较好。双脚前后站立呈抱架姿势，前手出拳通常应用于抓住对手闪躲或防守的空当，紧接着跟步，出后手直拳。

动作要领

前手直拳加后手直拳主要用于试探，也可用于持续性进攻。注意跟步的节奏和出拳的时机，抓住对手松懈的时机快速进行击打。

（二）前手直拳接后手勾拳

这组拳法是上下结合，前手攻击头部，后手攻击腹部。这组拳法具有突然性，容易打对手个措手不及，在对方注意力都在上半身时，其腹部便是无防守状态，这时就可抓住对手防守的漏洞进行攻击。

动作要领

这组拳法的要领在于时机的把控，在对手防前手直拳的同时，勾拳完成蓄力击打对手。

（三）前后手直拳接前手摆拳

这组拳法是由三个拳组成的，都是直击头部。前手直拳和后手直拳都是击打对手头部的正面，前手摆拳则是进攻对手头部的侧面。出拳时，启动速度要快，连接要顺畅，动作要干脆，目的是在前两拳没有攻击到对手的情况下，再追加一拳，让对手防不胜防。

动作要领

单独的摆拳几乎无法完成，因为前摇时间太长，所以前后手直拳是最好的试探方式。摆拳需要干脆利落，在直拳击

打后可以连续性以摆拳攻击对手。

（四）前手直拳击头，接后手勾拳击腹，接前手摆拳击头

这组拳法是上下结合，前手直拳用于试探性出拳，可测量与对手之间的距离。腹部是经常被忽略的防守部位。这里的后手勾拳可用于进攻，也可用于虚晃，在对手被前面动作干扰的时候，突然性地接前手摆拳，直击对手头部侧面。这组拳法需要速度、爆发力，还有拳击意识的运用。

动作要领

三个技术动作的组合要求连贯性。要领在于动作熟练的衔接和对时机的把控，展开连续性击打。

（五）单拳躲闪反击

这种拳法适用于对手采用单一拳法进攻时做出的反击。如对手以前手进攻时，我方躲闪对手前手来拳，抓住时机出拳反击对手。这种拳法需要快速的身体反应，方可进行有效击打。

动作要领

躲闪的同时需要控制好自己的重心和反击步伐间距，要时刻关注对手落脚点的位置。注意躲闪时，重心要微微下沉，切记躲闪幅度不能太大，否则很难及时调整反击的位置。反击的同时眼睛与拳峰平行，始终保持出拳的速度和路线，才能做到躲闪成功，并形成反击技术动作。

二、步法

（一）跳步

跳步的基础动作为身体呈拳击抱架姿势，后脚掌蹬地向前，促进前脚向前跳进，落地时拳击姿势不变，只是双脚前后跳动。在掌握基础跳步动作后，以后可以自由灵活地使用跳步前进或退缩，也可以用来与对手周旋。跳步属于进攻步伐，具有突然性、爆发性，在技战术中属于控制距离的步伐，时机合适，与拳法配合会取得很好的攻击效果。

动作要领

跳步时，两脚距离过大或过小都容易使身体重心不稳，从而导致摔倒或出拳命中率低。刚开始练习时建议把手背在身后，这样可以更多地去关注核心的稳定性。

（二）滑步

滑步可分为前脚滑步和后脚滑步。以左脚为例，基本架势为两脚与肩同宽，右脚后撤一步。由左势基本姿势开始，后脚蹬地，将力量传到髋部推动前脚向前滑行一步，随即迅速跟进后脚。这时，重心在前脚上，前脚推进多少，后脚跟进多少，两脚一直保持原来的位置和距离。若持续做，则重心是前后交替的。

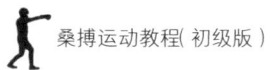

动作要点

向前滑行的动力来自后脚和后腿。前脚向前滑行着地时，脚跟先着地，延至全脚着地。滑行时应擦着地面，不要有上下跳的感觉。注意移换重心。

第四章
桑搏擒锁技术

第一节　地面绞技

一、送襟绞

送襟绞一般用于龟式防守中。当乙（红衣者）采用龟式防守姿势时，甲（蓝衣者）用右手迅速从乙颈部下方抓住其左侧衣襟勒紧其颈部，另一只手向下抓住乙外侧手臂，顺势跨过乙后背。甲左脚位于乙左侧膝盖内侧，顺着重心向乙左肩方向倒下。落地瞬间，甲用左脚控制住乙上身进行翻转，翻转的同时要一直控制住对手，甲只需后仰就能够控制住对手。（图 56 至图 60）

图56

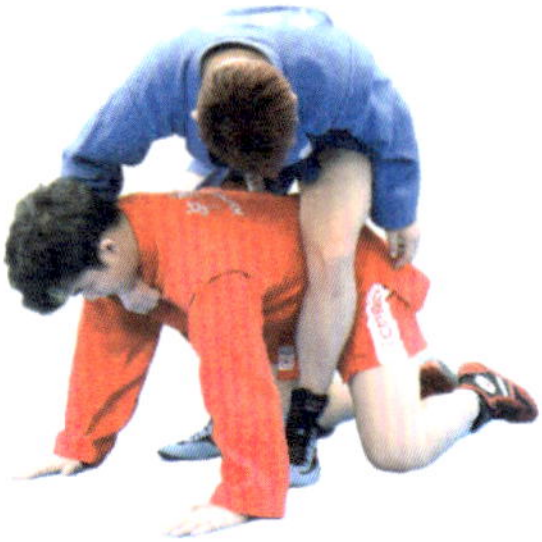

图57

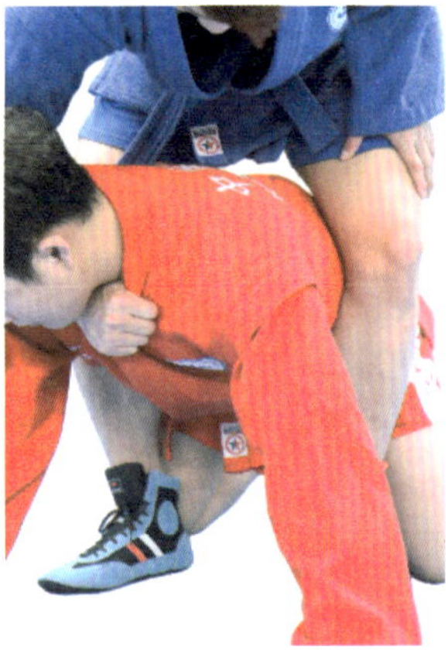

图58

图59

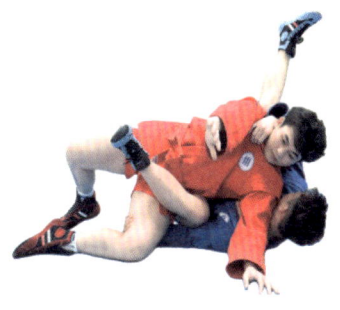

图60

动作要领

1. 乙可以抓住甲右肘来进行防御，手的把位很重要。

2. 送襟绞技术动作形成时，甲臀部要紧贴垫子，身体重心向后仰。

3. 在翻滚前，甲一定要顺着乙外侧手臂的把位，向侧前方翻滚，动作路线最好是往斜上方倾斜 45 度。

二、三角绞

三角绞主要利用双腿对对手上半身进行控制和压迫。在地面格斗中，甲处于下位，乙处于上位。甲用手臂将乙头部锁在胸前，形成"三角形"，用右腿压迫对手颈动脉，双手控制住乙的一条手臂。右腿屈膝勾住乙的脖颈，左腿搭住右脚，双腿与双手形成一个类似于三角形的"老虎钳"，进一步对乙进行压迫可使其失去行动能力。这时如果对手还不拍

垫认输，就会被绞晕过去，被绞时间过长会造成初步的脑组织损伤。（图61至图63）

图61   图62

图63

动作要领

1. 三角绞需要手脚并用，两手臂用力收紧，双腿用力锁住，缺一不可。

2.三角绞形成时，甲方背部切勿离开地面或者倾斜，这样很容易被对手挣脱。

三、裸绞

裸绞是一种于背后实施的绞技。地面缠斗中，当乙位于甲身后时，可对其采用背后裸绞技术。乙用右手臂勾锁住对手脖颈，在对手下颌下形成一个"V"形，身体侧面紧贴对手头部和背部，然后收紧右臂肱二头肌，左手扣住右手腕部，用力勒紧，从而制服对手。裸绞作为各大格斗项目最常见的一种绞技，极具杀伤力和制服能力，动作简单易学，容易上手。（图64至图66）

图64

图65

图66

动作要领

1. 裸绞形成时身体不可向后仰，手臂一定要精准地锁在对手下颌下，形成"V"形。

2. 需要紧贴对手头部和背部，双方之间空隙越小，压力越大。

3. 无论对手如何挣脱，一定要卡住对手颈动脉，阻止血液往脑部流动，从而制服对手。

四、前方裸绞

前方裸绞被称为"断头台"，与裸绞不同点在于前后方向。裸绞是在对手正后面实施的，而前方裸绞是用于正前方制服对手的绞技。地面缠斗中，乙右手臂从甲脖颈处插入，从甲的右腋下伸出，紧紧缠绕住甲的脖颈和右肩臂，左手与右手打扣交叉，然后向上用力，不断施压，类似中世纪的刑具"断头台"。锁紧对手后，乙将背部贴住地面，双腿向上夹紧甲的臀部，防止其逃脱，也是为了对甲施加更大的压力，最后吐气，收紧肱二头肌，将对手往自己身上收紧。（图67至图71）

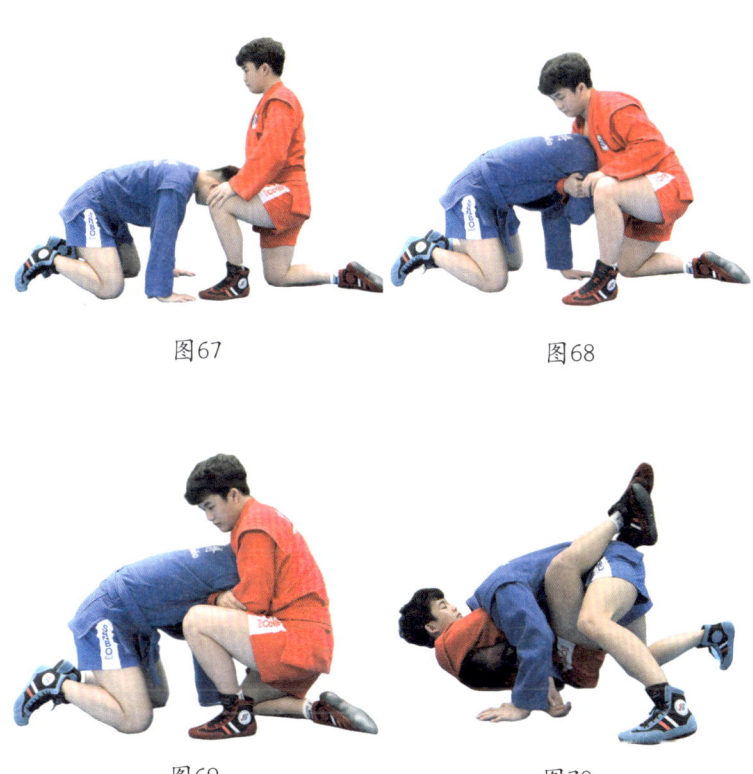

图67　　　　　　　　　　　图68

图69　　　　　　　　　　　图70

图71

动作要领

1. 乙在使用这个动作时需要注意，双手要缠紧，防止对手挣脱。

2. 锁住对手时需要背部紧贴地面。

3. 双腿控制住对手也很重要，这样可以防止对手挣脱和反抗。

五、片羽绞

片羽绞也是一种常用的绞技，即一手控制对手一侧手臂，用另外一只手由后向前抓住对手衣襟。乙跪立在地上，甲左膝跪地，用左手抓住乙的左手袖口或腕部，将乙的左臂抬起进行控制。右手从乙右肩前绕过脖颈抓住乙左侧衣领。这时甲左手向后方发力拉扯，右臂夹紧乙的脖颈，形成片羽绞。（图72至图74）

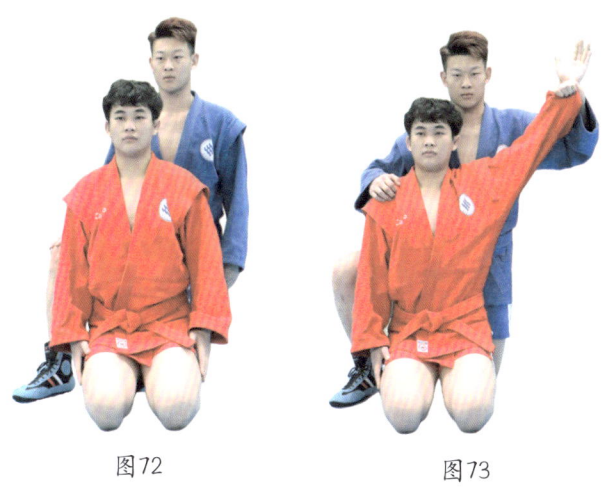

图72   图73

图74

动作要领

1. 甲上体要和乙头部紧贴，空隙越小绞得越紧。

2. 甲要将乙左臂向上收紧，紧贴自己胸部。

六、胸前十字绞

胸前十字绞主要靠双手十字交叉，抓住对手衣领领口，挤压颈部，控制对手。地面缠斗中，乙躺在地面，甲骑坐在乙的身上，双腿夹紧乙的躯干部位，双手交叉，抓住乙的衣领领口，用力收紧。甲上体前倾，往乙方胸口上方进行施压，同时双腿夹紧，防止乙挣脱。（图75至图77）

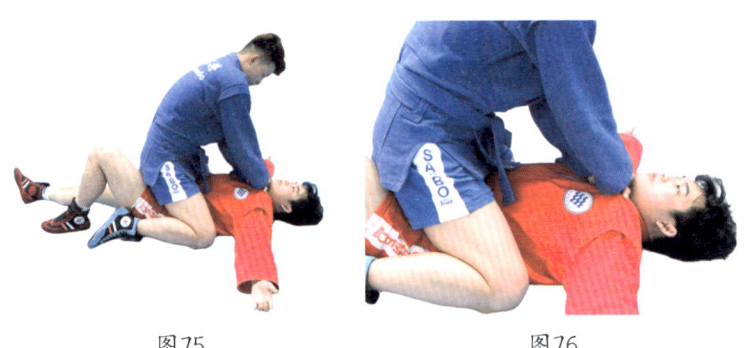

图75　　　　　　　　　　图76

图77

动作要领

1. 十字绞形成时需要身体紧贴对手，这样可给对手施加更大的压力，也可防止其逃脱。

2. 十字绞需要手脚并用，在手收紧的同时，双腿也要用力夹紧。

七、鳄鱼绞

鳄鱼绞一般在对手采取跪撑防守时使用。地面缠斗中，当甲采用跪撑防守时，乙位于甲的前面，单膝跪地，左手从甲右腋下穿过，抓住甲的衣领，右手从甲的左侧脖颈下穿过，抓住甲的右臂，双手锁住甲的脖颈和右肩臂，将甲向前拉带，使其失去重心。然后身体朝左侧翻滚，收紧双手，最后将甲压于地面。（图78至图82）

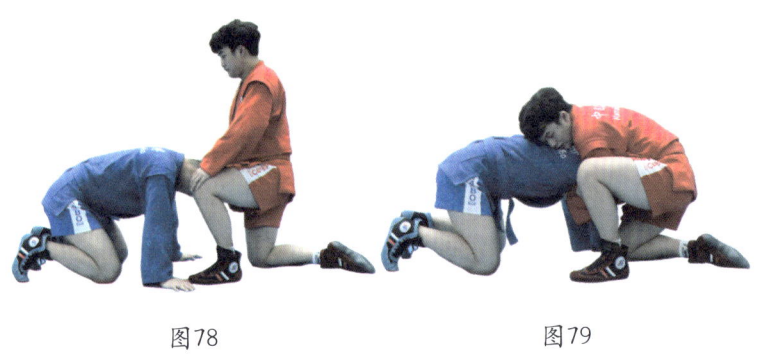

图78　　　　　　　　　　图79

图80　　　　　　　　　　图81

图82

动作要领

1. 翻滚的同时注意双手要锁紧对手。

2. 对手防守时，一定要多拉带，出现空当就可以尝试使用绞技。

3. 翻滚的同时注意方向，切勿向斜前方翻滚，否则容易出现松动。

八、地面绞脖

地面绞脖技术在其他项目中很难见到，但在桑搏运动中极为常见。甲仰卧于垫子上，乙双膝跪于甲身体左侧。乙右臂从甲左肩下环绕至甲身体右侧，左臂从甲左腋下绕过，双手扣握，双臂夹紧，双膝顶住甲的腰部，双手用力收紧，压迫甲的颈动脉，形成地面绞脖技术。（图83至图85）

图83　　　　　　　　　　　　　　图84

图 85

动作要领

1. 地面绞脖形成时乙身体不可向后仰，手臂一定要精准地锁在甲脖子后方。

2. 手臂收紧后，乙的头部尽量贴紧甲的右脸处，上半身俯卧在甲胸口上，施加压力。

3. 乙双脚脚尖竖立于垫面上，在双手收紧的同时，双膝向前顶防止甲挣脱。

九、正面绞脖

甲乙相对站立。乙用左手把甲的头部下带到自身腋下，右手从甲脖颈处穿插过去，手臂形成"V"形卡住甲的颈部，左手抓住甲的右臂，往自己身上收紧，腿部微微弯曲，使对手重心微离地面形成绞脖。正面绞脖常见于综合格斗，在桑搏运动中也是非常经典的"绞杀"技术。（图 86 至图 88 为非连贯动作，是不同方向、不同角度的动作展示）

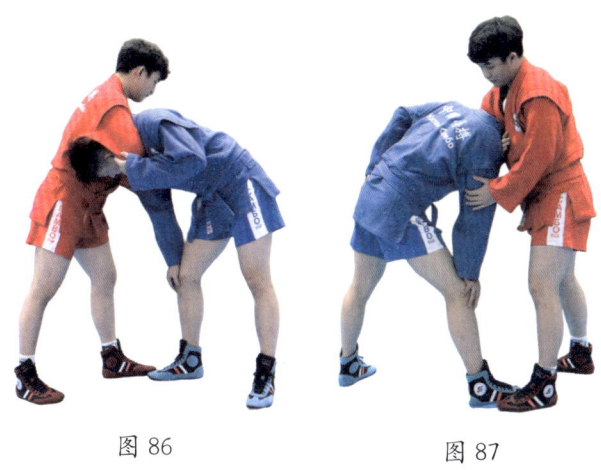

图 86   图 87

图 88

动作要领

1. 双腿可以微微弯曲，这样可以避免在对手尝试挣脱的时候自身失去重心。

2.双手要扣紧，注意往自己上身位置收紧，切勿过于后仰，容易失去平衡。

十、腾空绞脖

甲乙相对站立。乙用右手从甲颈部穿插到甲右腋下，抓住自己左小臂；左手从甲右腋下穿过，抓紧自己的右臂。动作发力时，左脚跟步和右脚在同一水平面上，双膝弯曲下蹲，挺髋发力的同时，头部向上看，自身呈拱桥形，俗称"背弓"，将对手抬至空中越过自己的胸部时再转体下落。（图89至图93）

图89   图90

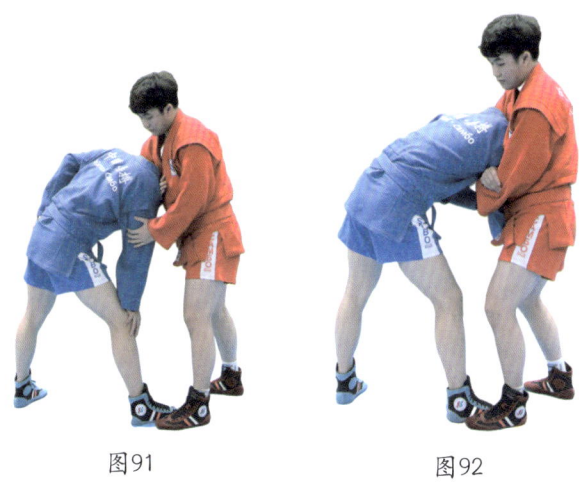

图91　　　　　　　　　　　图92

图93

动作要领

1. 在翻转的同时需要注意双手打扣是否收紧，双腿在翻转时要蹬地发力。

2. 翻转动作一般是朝侧前方，切勿朝侧后方翻转，很容易被对手反攻。

第二节　地面压制

一、袈裟固

袈裟固是摔柔项目中比较经典的压制技术，也是桑搏运动中的基础技术动作之一。乙仰卧于地面上。甲位于乙身体右侧，用左手控制住乙的右臂，右臂从乙左肩上环抱住乙的颈部。甲坐于地上，含胸收头，上半身往乙头胸之间靠拢收紧。双脚弯曲，呈 60 度角，右腿前贴乙右肩下方，左腿紧贴地面。甲上半身重心位移到乙右腰处，用自己的上半身重心挤压对手，形成袈裟固。（图 94 至图 97）

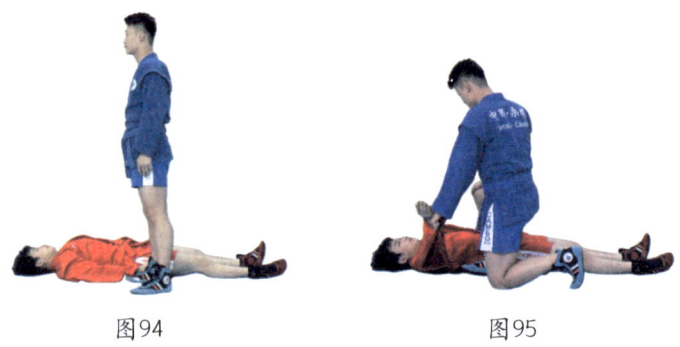

图94　　　　　　　　　图95

图96　　　　　　　　　　　图97

动作要领

1. 对对手实施压制时，要收紧双手。

2. 当压制对手时，自身重心的控制尤为重要，不能过多前压，可以微微将乙抬起，让乙重心离开地面，没有支撑点进行反抗。

3. 当搂紧对手颈部时，双腿一定要分开，形成支撑点，腿部可以跟随对手挣脱逃跑的方向往上紧贴，切勿坐在原地不动。

二、横四方固

横四方固类似于自由式摔跤中的"包饺子"。乙仰卧于地面。甲位于乙身体左侧，右手从乙左侧颈部下插入抓住乙右侧衣襟，左手从乙两腿间穿过抓住乙的腰带，将乙双腿打开，右膝顶住乙的腋下，左膝顶住乙的腰部，双手收紧同时发力，含胸收头，完成横四方固动作。（图98至图100）

图98　　　　　　　　　　　图99

图100

动作要领

1. 手臂向中间收紧，双膝作为支撑点顶住乙的身体，各部位动作缺一不可。

2. 甲重心切勿过于向前贴，也不能贴太紧，否则双膝无法用力支撑，容易被对手反攻。

三、纵四方固

纵四方固是控制对手颈部和肩部的技术。甲骑坐于乙胯上，呈俯卧姿势压住乙的胸部，右臂绕过乙左肩上方勾搂住乙的颈部，左手穿过乙右腋下与右手打扣固定住乙的上体，双腿向内收，夹住乙臀部下侧与大腿之间，双手与双腿同时发力，完成纵四方固动作。（图101至图103）

图101　　　　　　　　　　　图102

图103

动作要领

1. 甲上体要呈俯卧姿势位于乙上方，双手一定要扣住乙的肩部和颈部。

2. 双腿的控制也非常重要，可以适当用双脚来防止对手奋力反抗，如用脚背扣住对手脚踝。

四、上四方固

乙仰卧于地面。甲跪于乙头部上方，双膝分开，顶住乙左右肩峰。双手从乙双臂两侧穿入抓握住其两侧腰带，两小臂贴于地面，两肘夹紧，将乙控制在自己胸腹下。收紧腰带的同时双膝夹紧，这时双腿脚尖竖起踩地，双臂和双腿同时发力，防止乙反攻逃跑。（图104至图107）

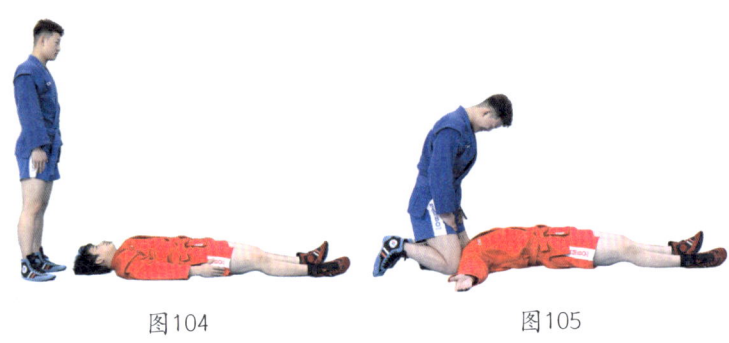

图104　　　　　　　　　　图105

图106　　　　　　　　图107

动作要领

1. 甲胸部一定要紧贴乙胸部，双臂收紧的同时保证自己身体没有弯曲，而是呈一条直线。

2. 双脚尖点地，双臂发力向内收紧。

五、肩固

肩固是利用双臂和自身头部形成三点来压制对手的一种地面技术。乙仰卧于地面。甲位于乙身体右侧，左手抓握乙右手，右臂从乙左肩处向下抱住乙的右肩和颈部，双手扣紧，将乙方的右肩臂与头颈部控制住。双腿弯曲，含胸收腹，头部贴近乙方右侧肩部，左腿抬起形成支撑。随后，身体坐于地面，双腿分开，顶住乙腰部的那条腿可以向前发力，双手锁死让对手无法逃脱。（图 108 至图 110）

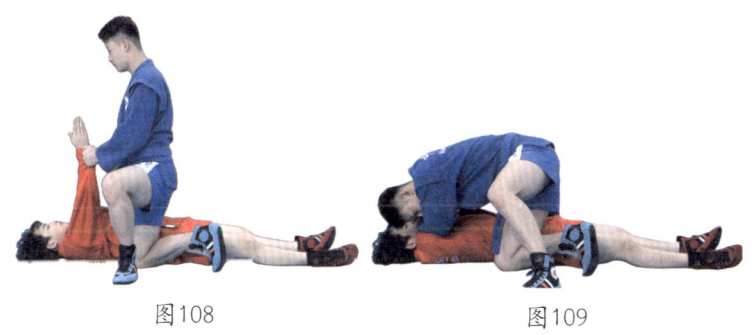

图108　　　　　　　　　图109

图110

动作要领

1. 甲双手扣紧的同时要注意，无论如何不能让乙手臂挣脱出来，头部一定要贴近乙右侧头部。

2. 腿部动作在形成的时候不要太靠拢了，防止对方勾腿反攻。

六、反袈裟固

反袈裟固是袈裟固变化而来的，主要用于在袈裟固没有有效控制住对手被其挣脱之后，切换把位重新控制对手。乙仰卧于地面。甲方位于乙身体右侧，右手抓握乙右手，将乙右小臂夹于自己右腹部，左手环抱住乙右腿，双腿展开，身体后仰，向左侧旋转发力。（图111至图114）

图111　　　　　　　　　　图112

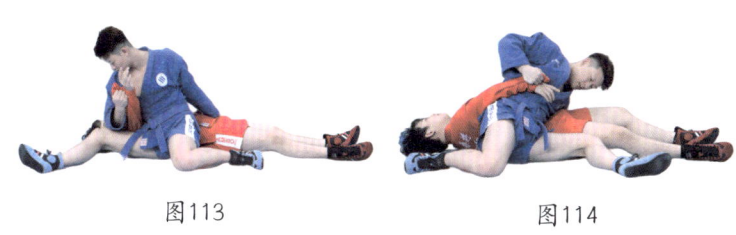

图113　　　　　　　　　　图114

动作要领

1. 注意控制对手手臂要牢固，防止对手挣脱。

2. 反架裟固一定要注意身体不能直立躺在对手上身，而要头部尽量紧贴对手大腿，身体旋转发力，手臂用力回收。

第三节　关节技术

一、腕搓十字固

十字固是桑搏运动较为常见的技术动作，在柔道、综合格斗、柔术比赛中也使用较多。动作技术利用杠杆原理，使对手关节过度伸展，从而制服对手。乙仰卧于地面。甲位于乙身体右侧，右手抓住乙右手，左脚插入乙颈部下方，右腿压在乙胸部上，将乙右小臂夹于两腿之间，双手控制住其右臂腕关节，身体后仰，平躺于地面，向上做起桥动作，收手的同时一定要让对手大拇指朝上。（图115至图117）

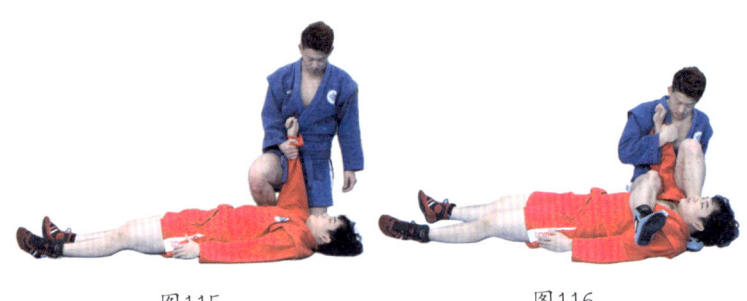

图115　　　　　　　　　　　图116

图117

动作要领

1. 双手固定对手手臂时一定要用力收紧，不能让其手臂来回转动。

2. 动作完成时双腿夹紧，身体后仰上挺，切勿躺在原地不动，起桥可以利用杠杆原理，使对手因手臂压力过大不敢轻易反抗。

3. 注意施展十字固的时候不能离对手太远，无论怎么发力收手，一定要让对手大拇指朝上。

二、木村锁

木村锁是各类格斗术中最常见的关节技术之一，在桑搏运动中也被广泛使用。乙仰卧于地面。甲位于乙身体右侧，左手抓握住乙左手腕并控制其小臂，右手从乙方左臂肘关节下穿过抓握住自己的左手腕，身体下压于对手身上。双手用力收紧对手右臂的同时，左手向下发力，利用杠杆原理使其

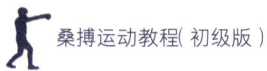
肘关节外展。（图118至图121）

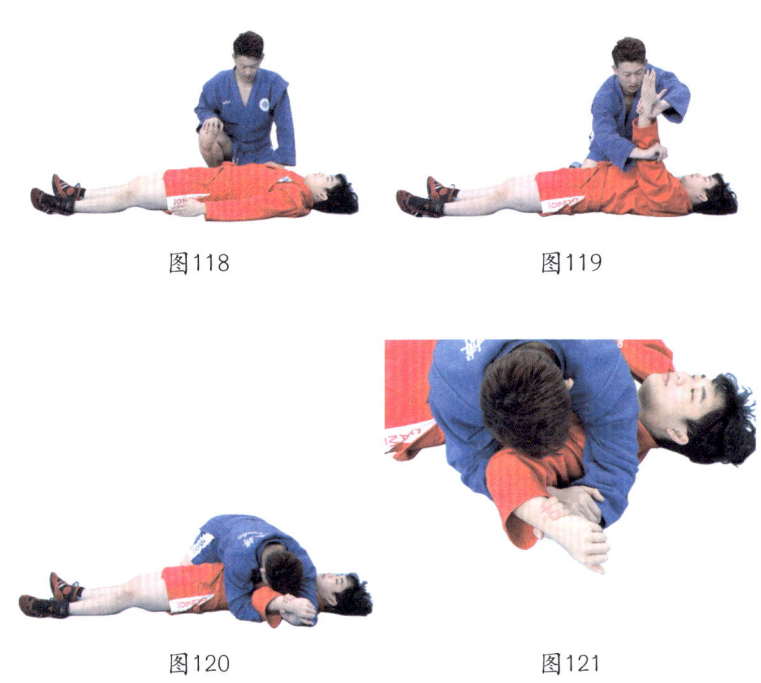

图118　　　　　　　　　　　图119

图120　　　　　　　　　　　图121

动作要领

1. 实施木村锁时要多借助自身腰部力量旋转发力带倒对手，利用自身的体重向对手施加压力。

2. 一定要注意此技术核心在于以对手肘部为支点利用杠杆原理进行施压，双手交叉打扣一定要收紧。

三、蟹挟

桑搏运动中的"蟹挟"类似于"剪刀腿",用好此招的诀窍就藏于招式名之中。甲乙双方站立。甲右手抓握住乙左侧衣襟,含胸收腹,右手撑地的同时,双腿钳住乙身体的两个部位,右腿位于躯干正面,左腿位于双腿膝窝处,双腿同时交叉用力,利用杠杆原理将乙摔倒在地。(图122至图124)

图122

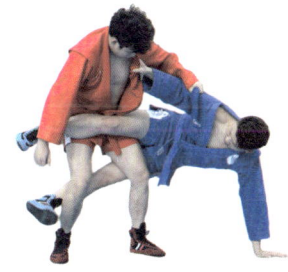

图123

图124

动作要领

1. 注意双腿夹住对手时需要利用自身的体重扫倒对手。

2. 落地后利用杠杆原理，让对手髋关节感受到疼痛难以忍受。

四、腕搓腕固

甲仰卧于地面。乙骑跨在甲身上，这时甲就可以使用腕搓腕固技术变被动为主动。甲向左挪动臀部和乙保持一点距离，最主要的是打开乙右侧把位。甲左手抓住乙右手，防止乙脱把逃跑，用脖子顶住其手腕位置，右手顺势抱住乙的右肘，回拉其手臂，翻身起来，从而对乙右臂关节进行施压，控制对手。（图125至图129）

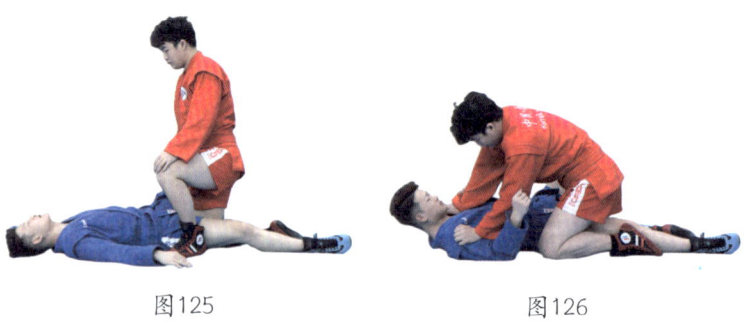

图125　　　　　　　　　　图126

图127　　　　　　　　　　图128

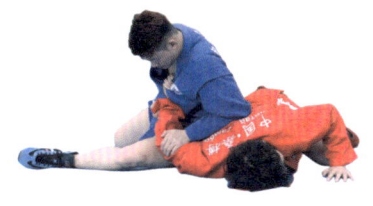

图129

动作要领

1. 甲一定要紧紧抓住乙的手肘部，后续大幅度扭转胳膊才会起到效果。

2. 在扭转对手手臂时，确保对手大拇指朝向地面，其余四指朝上。

五、腕搓腋固

甲乙双方呈实战姿势站好。甲左手去抓乙的右肩，乙右手抓住甲的左手腕，迅速下压，把对手手臂夹于腋下。乙右脚上步，身体左转，下压，利用上半身的重心和力量控制住对手的手臂，配合左手对其手臂关节形成压迫。（图 130 至图 132）

图130 图131

图132

动作要领

1. 注意手臂下压位置是对手大臂处。

2. 释放压力的同时，腿部始终在对手前方，一定不能放于后侧。

3. 多利用上半身的力量连同双腿弯曲一起发力下压。

六、肛裂绞

肛裂绞是针对对手髋关节和大腿内侧韧带施压的技能。甲双膝跪地，双手撑地。乙位于甲身体右侧，双手从甲腰背上抓住其左脚腕用力往后拉扯翻滚。翻滚的一瞬间，乙用双腿夹住甲右腿，实施固定，随后腾出手固定住甲左侧膝关节

位置，双腿和双手同时向下发力，让对手髋关节最大化地打开。（图 133 至图 135）

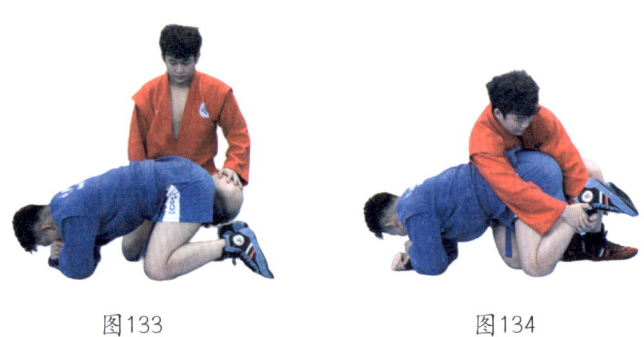

图133　　　　　　　　　　图134

图135

动作要领

1. 手臂往下收的同时，头部朝向对手头部的位置。

2. 用木村锁锁住对手的一条腿能起到更好的控制效果。

七、直踝固

直踝固是通过控制对手脚踝使其韧带受到压迫的技术。乙坐于地面。甲用右腋夹住乙左脚踝，右手放于对手左膝盖处。甲顺势向身后倒下，右脚放于乙左侧胸口处，左脚放于乙左膝盖下方。甲顶胯收手，头部向右，把对手的腿当成"毛巾"向右侧方向拧紧。（图136至图138）

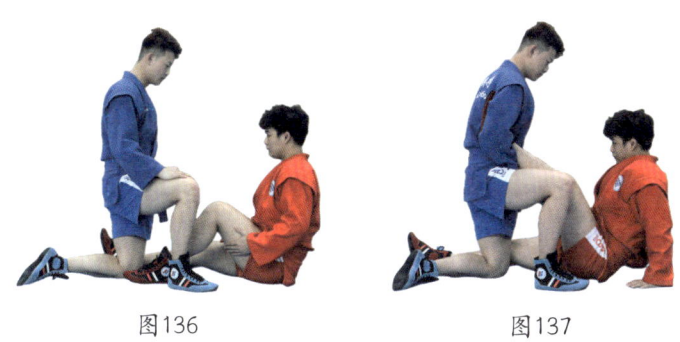

图136　　　　　　　　　　图137

图138

动作要领

1. 顶胯收手的同时注意切勿起桥，常规起桥会导致手部和腿部无法收紧，让对手有机会逃脱。

2. 顶髋收手的同时需要注意头部向右侧方向。

八、体侧压肘关节技

甲乙双方于地面缠斗。甲仰卧于地面。乙抓住甲防守空当，上身压抱住甲的上身，并用左手从甲腋下搂抱住其右侧肩臂。在甲挣脱过程中，乙顺势借力把自己的双脚向身后缓慢移动。甲翻转成侧卧姿势，此时乙双手控制住甲右手臂，双腿前后分开，微微弯曲，保持自身重心的平衡，上体顶压住对手的右肩和颈部，防止其翻转挣脱。最后再将左手臂紧贴住甲的肩颈部防止其移动变化。乙的右手要由外向里扳，压住甲的肘部，右手臂屈肘，利用自己的肘关节，向前推动甲的手臂，甲会因肘关节剧烈疼痛难忍而认输。（图 139 至图 141）

图 139　　　　　　　　　图 140

图 141

动作要领

翻滚时动作要配合有序，在整个动作中乙一定要紧紧地控制住甲的双手，顶住对手肩胛骨位置。

第四节　肌肉切割

　　"肌肉切割"被誉为桑搏技法中最厉害的一种降服技术。肌肉切割技术主要特点在于，用人体自身结构形成"夹点"卡住对手，利用"曲柄动作"压迫对手关节和肌肉。

　　小腿后肌群切割是桑搏运动中比较常见的且实用的切割部位。地面格斗中，甲跪在地上。乙位于甲身体左前方，乙把左小腿绕到甲左侧膝窝下卡住其左腿，然后用右小腿夹紧自己的左腿，用自身的腓骨顶住甲小腿后侧肌群。接着，乙双手抓住甲左脚踝，以自身小腿为杠杆将对手拉倒，用力将对手小腿向内侧掰，控制住对手。（图142至图144）

图 142　　　　　　　　　　　　　　　图 143

图144

动作要领

腓骨是人体较为结实的骨头之一，利用自身优势使对手的小腿后侧肌群被卡紧，让对手疼痛无比，无法反抗。

第五章
桑搏站立摔技

第一节　过身摔技

一、背负投

背负投是桑搏过身摔技中比较经典且常见的技术动作之一。甲乙以实战姿势站好。乙向前拉带甲的手臂，让甲身体失去平衡，被迫前倾用脚趾站立。乙右脚上步于甲右脚踝位置，同时把甲重心往自身方向拉带，右手臂从甲腋下绕到右肩膀上，左手抓住甲的右臂。乙左脚往后撤步，确保自身双脚距离比甲双脚距离小，左脚收回来的同时，头部转向另外一侧。乙屈膝，腰部位于甲腰带下方，重心降低，脚尖立起，脚后跟离地，转头向正前方发力。实施摔技时，甲身体从乙头部越过，落于乙的正前方。当甲落地后，乙双脚微屈，双

手抓住甲的右臂放于双腿之间。(图 145 至图 148)

图145

图146

图147

图148

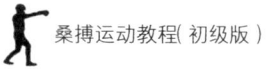

动作要领

1. 初学者在抓把时一定要从对手腋下插入绕到肩膀上方抓住对手肩部，许多人选择抓对手的手臂或肘部，这是很容易出现的一个错误点。注意手臂一定要抓住对手肩膀部位，这样就可以很牢固地抓住对手把位，不留空隙。

2. 撤步转体发力时要确保自身双腿距离小于对手双腿距离，发力往前摔时不要前后脚站立，始终保持双脚平行站立。

3. 背负投非常重要的一点在于，不要将对手的手臂抬到自身肩膀靠近脖子处，在投摔时对手会往其相反方向摔出，这样对手就有机会进行反攻。

4. 双脚发力蹬地时尽量前脚掌站立，脚后跟微抬，这样才不会导致发力时重心过于向后，摔完对手也能稳稳站于地面。

二、夹颈摔

夹颈摔，顾名思义就是一只手夹住对手颈部的摔技。甲乙以实战姿势站好。乙左手抓住甲右手肘，右手从甲左肩上搂住甲的脖子。乙右脚上步于甲右脚踝处，同时把对手重心往自身方向拉带。乙左脚往后撤步，确保自身双脚距离比对手双脚距离小，左脚收回来的同时头部转向另外一侧。乙腰胯部位顶住甲的胯部，双膝微屈，蹬腿发力的同时，右手夹紧对手脖子，左右手配合，转胯，蹬腿发力，一气呵成。当

甲落地后，乙双膝微屈，抓住对手一只手臂放于双腿之间。（图 149 至图 153）

图149

图150

图151

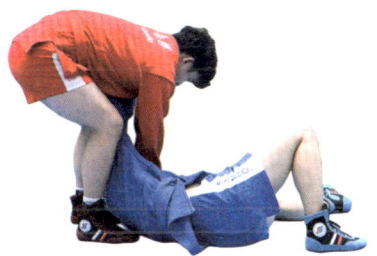

图152

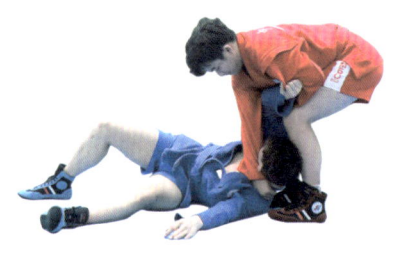

图153

动作要领

1. 蹬腿发力的同时需要注意转胯、转头、夹脖发力，转头是非常重要的一点。

2. 撤步转体发力时要确保自身双腿距离小于对手双腿距离，发力往前摔时不要前后脚站立，始终保持双脚平行站立。

3. 转胯时可以稍微多转一点，防止对手逃跑。

4. 初学者在练习时需要注意夹对手头部的这只手夹得越紧越好。后续动作熟练之后可以挥臂击打对手颈部连接夹脖技术动作。

三、内股摔

内股摔在桑搏运动中非常具有代表性，此技术动作用腿部作为杠杆，跨步作为支撑点，完美地诠释了杠杆原理。主要技巧在于动作精准，强调关键身位，若大腿和跨步距离出现偏差就很难发力摔倒对手。

　　甲乙双方站立缠抱时，甲左手下落，抓住乙右小臂，右手勾搂住乙颈部，右腿上步于乙双腿之间，同时把乙重心往自身方向拉带。甲向左转体的同时用臀部将对手顶起来，右腿卡住乙左腿，随后做一个扫绊的动作，转胯发力的同时手臂旋转将对手摔倒在地。摔倒对手后可以接上十字固技术。（图 154 至图 157）

图154

图155

图156   图157

动作要领

1. 扫绊对手腿的同时，需要贴住对手脚踝内侧从后上方发力，手臂旋转带动对手重心往前，借力摔倒对手。

2. 上步需要注意杠杆腿的落脚点一定是在对手脚踝内侧，动作要做到准确无误。

3. 甲上体应贴紧对手上体，在没贴紧的情况下会出现对手挣脱逃跑的情况，中间空隙太大、过于松动会无法将对手顶起来。

4. 底手把位一定要抓紧，如果底手没抓紧会出现技术动作不完整，无法将对手摔倒的情况。

四、大腰

大腰和夹颈摔动作相似。甲左手抓住乙右肘部位，右手环抱住对手的腰部，也可以抓取腰带，向前方提拉，使对手重心失衡，右腿上步于乙双腿之间，同时把乙重心往自身方向拉带。甲左脚往后撤步，确保自身双脚距离比乙双脚距离小，左脚收回来的同时，头部转向另外一侧。甲用腰胯部位顶住乙的胯部，身体左转，双膝微屈，转身蹬腿发力将对手摔在地上。当乙落地时，甲双脚微屈，抓住乙的一只手臂放于双腿之间。（图158至图161）

图158

图159

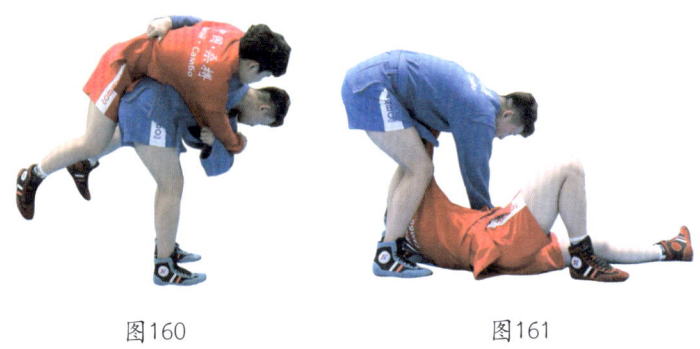

图160   图161

动作要领

1. 蹬腿发力的同时需要注意转胯、转头、手部发力。

2. 撤步转体发力时要确保自身双腿距离小于对手双腿距离，发力往前摔时不要前后脚站立，始终保持双脚平行站立。

3. 转胯时可以稍微多转一点，防止对手逃跑。

五、单臂跪摔

单臂跪摔是背负投的进阶版，主要起到一个出其不意的效果。甲乙双方以实战姿势站立。乙向前拉带让甲失去平衡的同时，往自身上体方向带，甲被迫前倾，失去重心。乙上右脚放于甲双腿间，向左转身，左手抓住甲的右肘下方，右手从甲腋下绕到其右肩膀上，抓住甲的衣领。乙右腿单膝跪地，左腿呈 90 度支撑于地面，跪地的同时右手拉动甲身体一起向下，借助惯性，双手发力向前摔倒对手。（图 162 至图 165 ）

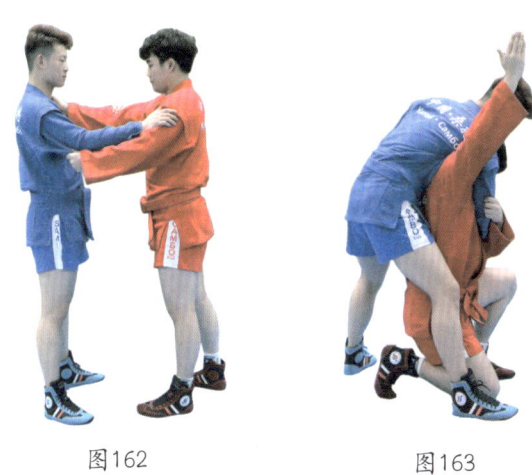

图162　　　　　　　　　　图163

图165

图164

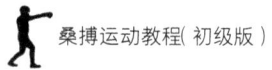
动作要领

1. 跪下后，右膝盖靠近左脚踝。

2. 跪下后，如果双脚间距过大，身体需要转过很长的距离，这时动作就会变形，无法发力。如果双脚并拢就可以以更快的速度摔倒对手。

3. 初学者在抓把时一定要从对手腋下插入绕到肩膀上方抓住对手肩部，这样就可以很牢固地抓对把位，不留空隙。

六、过胸摔

过胸摔是利用自身强大的腰腹部力量和上肢力量将对手腾空，从自己的胸部向后转体 180 度，将对手摔倒在地的动作。初学者建议用布袋和布人进行练习。

甲右手从布人左侧腋下环抱住其腰部，左手从步人右肩上向后与右手搭扣。甲的头部放于布人左侧肩膀上。右脚上步落在布人左侧，这里提醒一下，上步可以稍微贴近布人，在实战中，上步的腿贴得越紧越好。左腿跟步和右腿在同一水平面上，双腿弯曲下蹲（下蹲是为挺胯发力做铺垫）。挺胯发力的同时，头部向上看，用自己的胯部去撞击对手，自身呈拱桥形，布人在空中越过自己的胸部时再转体落地。（图 166 至图 169）

图166

图167

图168

图169

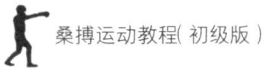

动作要领

1. 过胸摔是桑搏运动中比较危险的技术动作之一，需要核心和全身力量协调发力。初学者首先需要通过布袋或布人练习打好基础。

2. 发力抱摔布人时，手不是摆设，往自身回收，将布人紧紧地贴在胸部。在实战中，如果胸部没贴紧对手或双手没扣紧就很容易被对手反攻。

3. 合理运用自身的胯部去撞击对手胯部，双腿弯曲半蹲，这样才有更大的发力空间。

七、抱腿过胸摔

抱腿过胸摔是桑搏运动中最重要的抱腿技术，练习时需要有一定的过胸摔基础。抱腿过胸摔一般是往侧后方抱摔对手。甲乙以实战姿势站好。双方互相拉扯，乙借助拉扯力量向前近身，低头弯腰，搂抱住甲的双腿。然后，右手从甲双腿间穿过，环绕住甲的右腿膝窝，左手搂住甲的左侧腰部。这时注意，乙的头部穿过甲右腋下，靠在甲右后背处，切勿将自身头部放在甲右侧前方，后续发力步骤跟过胸摔一样。左脚跟步和右脚在同一水平面上，双腿弯曲下蹲，挺胯发力的同时，头部向上看，用自己的胯部去撞击对手，自身呈拱桥形，当对手在空中越过自己的胸部时再向左转体，将对手摔落在地。（图 170 至图 172）

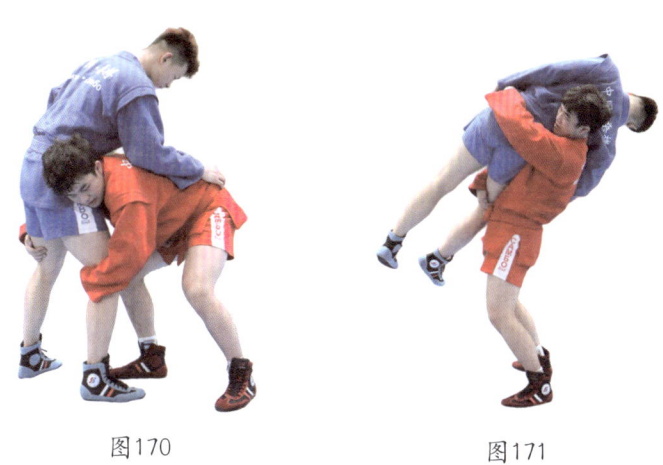

图170   图171

图172

动作要领

1. 通过拉带把对手往自身带的同时，抱腿搂腰，动作中头部一定要往对手身后转，转得不及时很容易被对手压在腋下，无法衔接下一步技术动作。

2. 注意动作尽量是往后侧方发力，因为要预防对手以勾腿进行防御，所以侧后方发力倒地可以有效地避免对手反攻。

3. 合理运用自身的胯部去撞击对手的胯部，双腿弯曲半蹲，这样才有更大的发力空间。

第二节 别绊类摔技

一、绊腿前摔

绊腿前摔在正式比赛和街头防身中都是非常实用的技术动作之一。甲乙双方以实战姿势站好。甲右手抓住乙右侧领口处，左手抓住乙右手肘位置，右脚上步落于乙右脚外侧，别绊住乙的右脚，左脚跟步落于乙左脚外，这时右手手肘顶住对手腋下，身体向左转，破坏对手身体重心的同时，顺势向下发力完成前摔动作。（图173至图176）

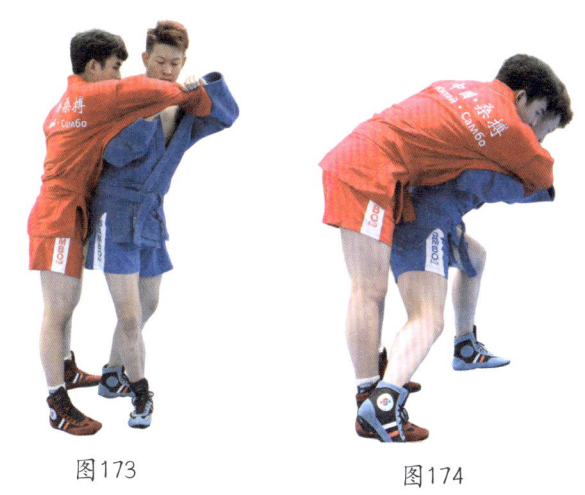

图173　　　　　　　　　　图174

图175　　　　　　　　　　图176

动作要领

1. 手肘持续顶住对手腋下，身体进行旋转，让对手难以保持平衡，这是需要非常注意的一点。

2. 绊腿前摔和背负投非常相似，只不过上步转体后，有一只脚需要站立于对手脚外侧，形成别绊。

3. 还有一点非常重要，即不要将对手的手臂抬到自身肩膀靠近脖子处，在实施投摔时对手会往相反方向摔出，这样对手就有机会展开反攻。

二、大外刈

大外刈作为桑搏别绊类最经典的技术动作之一，实用性强，且简单易学。甲乙以实战姿势站好。甲右手抓住乙左侧领口处，左手抓住乙右肘位置，左脚向侧前方跨出，带动对手重心往自身上靠。甲右腿快速弹踢到乙右脚外侧，脚尖绷直，快速回收的同时向后扫起乙的右腿。这时双手往对手身上推手发力，注意自身重心一定要紧紧地贴在对手身体上，这样才能一气呵成，将对手摔倒在地。（图 177 至图 181）

图177   图178

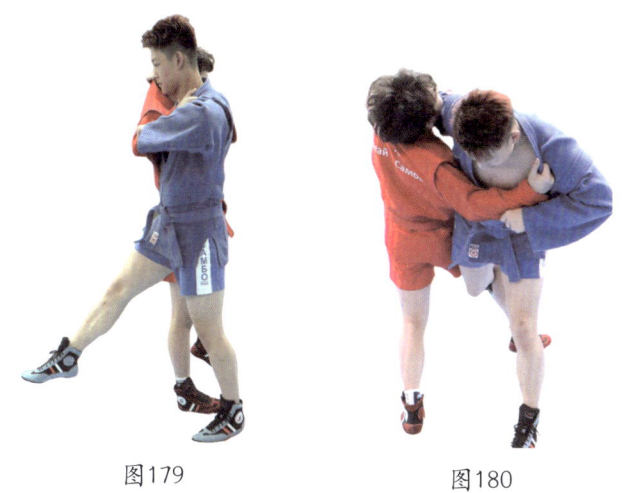

图179　　　　　　　　图180

图181

动作要领

1. 人外刈虽然看似简单，但是最主要的还是考验使用者的协调能力，需要做到脚上和手上动作同时发力。

2. 扫腿回收的同时，身体重心要往对手身上靠，光靠腿

部和手的力量很难将对手摔倒。

三、支钓入足

甲乙以实战姿势站立。甲左手抓住乙右手肘下侧部位，右手抓住乙左侧领口处。甲可以做大内刈等动作破坏对手重心，对手向后撤步逃脱，这时甲双手拉带对手往自身方向靠。在拉带的同时，甲左脚上步，双手往斜上方发力，右脚抬起踢打乙左脚踝，将对手左脚踢起的同时，双手往上提拉，将对手从右侧投掷过去，抓住领口的那只手一定要用力前推。（图182至图184）

图182   图183

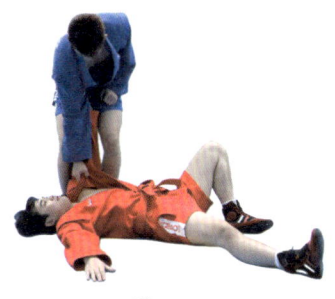

图184

动作要领

1. 抓住领口的那只手在撤步踢腿的一瞬间，需要找准时机将对手的重心向上提拉。

2. 本技术在日常练习和实战比赛中尽量借助小动作去迷惑对手，破坏对手的重心，以便更好地衔接技术动作。

第三节　抱腿摔技

一、抱单腿摔

抱单腿摔技在桑搏和综合格斗中都是比较常见的技术动作，动作简单明了，实用性高。抱单腿摔最好是在侧面实施抱腿，这样成功率更高。甲乙双方处于站立缠斗状态。乙拉扯甲双臂，突然近身，俯身下蹲，右手抱住甲右腿膝窝，头部钻于甲右腋下；随后起身，右手将对手右腿抬起，左手抱住对手腰部，腿部别住对手右腿往前冲，直到对手倒地，接上绞技完成技术动作。（图 185 至图 187）

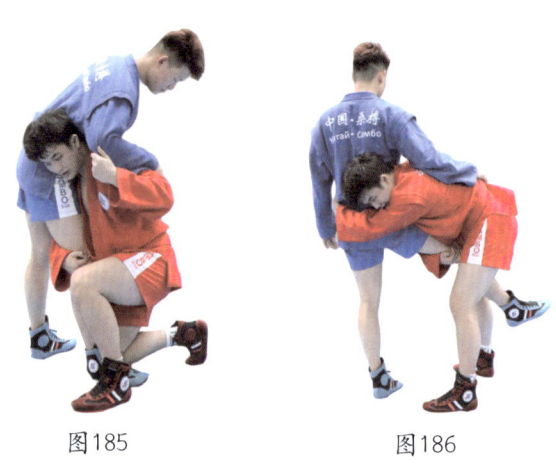

图185　　　　　　　　图186

图187

动作要领

1. 抱单腿时要注意手一定要把对手抬起来的那条腿抱住，不能让其松动或放下。

2. 左膝盖不是摆设，抱腿的同时左膝盖可以往对手身上贴，尽量不留空隙。

3. 虚晃进攻是关键，抱单腿一般是在拉带过程中完成的，最好切入点是在侧面，切勿正面冲向对手。

二、抱双腿摔

双腿抱摔是最简单粗暴的技术动作，深受桑搏、综合格斗运动员的喜爱，在各大摔柔项目上经常可以见到。甲乙双方处于站立缠斗状态。乙突然发力，将甲往前拉带的同时，右脚往前上步，位于甲双腿之间，双手抱住对手膝窝或大腿处。这时可以将甲双腿向内侧挤压，头部贴住对手腰胯位置，在冲抱双腿时尽量用自己的肩膀去撞击对手腰腹部位。抱腿发力时可以将对手腿部抬起横向发力，这点非常重要，这样对手就无法反攻，会顺着施技者的发力点往侧面倒地。（图188至图190）

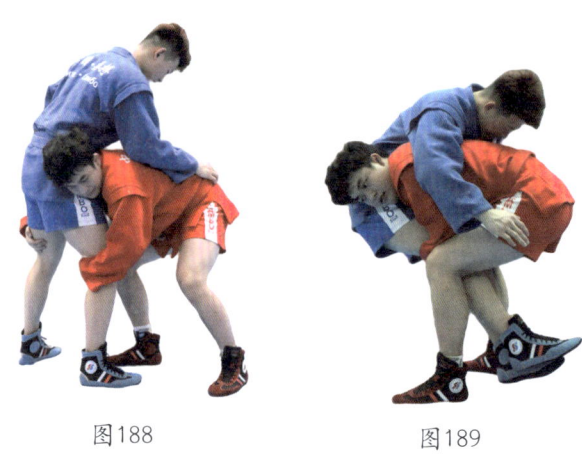

图188　　　　　　　　　　　图189

图190

动作要领

　　上步冲抱时尽量贴紧对手，如果动作没贴紧，别放弃，多尝试几次。冲抱对手时，切记不能太高，也不能太低，太高不易抱摔对手，太低容易出现双手抱不紧被对方反攻的情况。

三、单腿后翻摔

单腿后翻摔简单来说就是抱单腿接过胸摔。和抱单腿摔同理，侧面把位有利于施技者做出完美的技术动作。甲乙以实战姿势相对站好。乙通过拉带甲，破坏甲的重心，快速上步近身，身体重心降低，右腿单膝跪地，左腿支撑，左脚落于甲右脚外侧。乙右手搂住甲的右腿膝窝，左手抓住甲的右肘下方，右脚顺势上步落于甲右脚内侧，头部从甲腋下穿过贴住其后背，左手搂住甲的左腰，用自身双腿控制住甲的右腿，防止其挣脱。接下来和过胸摔法一样，左右脚在同一水平面上，双膝弯曲下蹲，挺髋发力，同时头部向上看，用自己的胯部去撞击对手，自身呈拱桥形，将对手抱起，当对手在空中越过自己的胸部时再向左转身，将对手摔落在地。（图191 至图 194）

图191　　　　　　　　图192

图193   图194

动作要领

1. 单腿后翻摔和过胸摔的区别在于，过胸摔发力可以直上直下，向后侧发力摔倒对手；而单腿后翻摔发力最好是往后侧方向发力。

2. 虚晃进攻是关键，抱单腿一般是在拉带过程中完成的，最好切入点是在侧面，切勿直面冲向对手。

3. 合理运用自身的胯部去撞击对手胯部，双腿弯曲半蹲，这样才有更大的发力空间。

第四节　组合摔技

一、足扫组合

足扫组合是将几个动作连接在一起将对手摔倒在地的一种摔技。比如我方想做出足扫，但是对手重心非常稳，这时我方就可以利用几个连贯的小技术来打乱对手重心，然后一招制敌。甲乙双方以实战姿势站好。甲右手抓住乙左侧胸口处，左手抓住乙右手肘。首先甲需要从正面试探性地去踢或者扫乙任意一条腿，目的是破坏其身体平衡。甲在拉带乙的同时试探性地用左脚去扫乙的右脚，这时乙为了保持平衡，从正面站架转换成侧面站架。这时甲抓住机会，在乙还没站稳时，用右脚去扫乙左脚，协同双手发力，将对手扫倒在地。（图 195 至图 198）

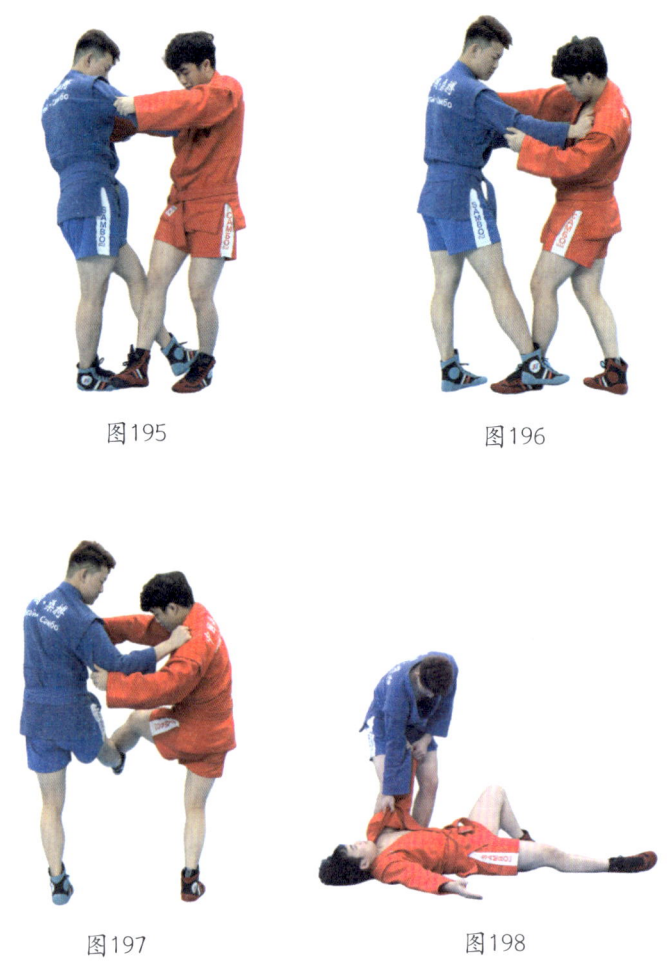

图195　　　　　　　　　　图196

图197　　　　　　　　　　图198

动作要领

1. 手臂带动对手非常重要，将对手重心拉回的同时，用任意一只脚从正面去破坏对手的平衡。

2. 足扫组合在于双腿和双手之间的配合，扫腿的同时尽量用自身脚掌内侧去扫踢对手。

二、内股摔接翻滚十字固

内股摔接翻滚十字固是桑搏运动的标志性组合动作之一。甲乙双方处于站立缠斗状态。甲左手下落抓住乙右手肘下方，右手搂住乙颈部。右腿上步于对手双腿之间，同时把乙重心往自身方向拉带，向左转体的同时，右腿别住乙的腿部，双手协同发力将对手摔倒在地。随后，甲双手快速抓住对手右臂，左脚上步，跨过对手头部，身体后躺着地，微微起桥形成十字固。（图199至图204）

图199

图200

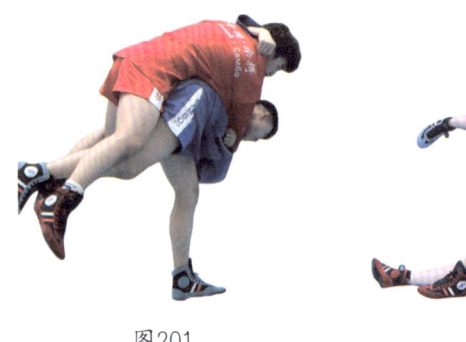

图201

图202

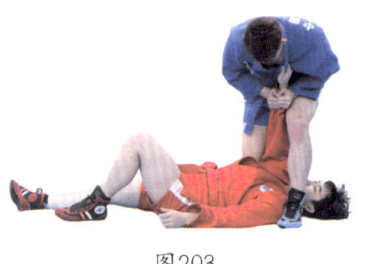

图203

图204

动作要领

注意前后技术的衔接，最好将前后两个技术训练成熟后再衔接起来进行练习。

第六章
桑搏运动意外损伤与防护处理

第一节　桑搏运动意外损伤的原因、症状处理及容易出现的运动性疾病分析

　　运动损伤的发生往往与体育项目及技战术动作特点密切相关，同时也与训练水平、运动环境和条件等因素有关。对运动损伤的概念、分类、原因及预防措施进行了解，有助于运动损伤的治疗和康复，同时为合理安排患者的体能锻炼提供科学依据和实践指导。桑搏运动被称为"俄罗斯国技"，其自身对抗性非常强。以我国开展的拳击课程和跆拳道课程作为对比，桑搏运动与拳击、跆拳道等项目的不同在于强悍的身体对抗以及高风险反关节技术。在体育活动过程中所遭遇的各种损伤称之为运动损伤，而学生是一个活动量较大的群体，多数学生因自身知识水平掌握程度较低、身体或心理

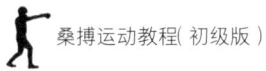

发育有待成熟等因素的制约，时常成为运动损伤的受害者，经常会出现肌肉痉挛、手指脱臼、肌肉拉伤、运动低血糖等。体育教学中每个学生都具有个体差异性，因此在对学生开展教学训练时，要防患于未然，教授基本的预防措施，进而降低运动损伤的发生率。

一、发生桑搏创伤的原因

在桑搏学习过程中，很多因素都可能导致伤病发生。很多学员在日常体育运动中经常忽视准备活动的重要性，充分的准备活动可以帮助学员提升训练中的运动表现，同时可降低运动损伤的发生率。还有一些学员对体育运动中发生的损伤了解太少，且学校对于防患知识普及程度不够、组织不够严谨，导致初学者在练习中容易出现损伤。桑搏本身是一项重竞技项目，因此基本功的练习非常重要，比如前倒地、后倒地、前滚翻、后滚翻等。加之初学者大脑皮质运动中枢的兴奋与抑制扩散，使其身体不协调，动作僵硬、不熟练，对器械的不正确使用，场地和服装不合适等，都会导致其受伤。

二、桑搏训练中常见创伤的症状与处理

（一）关节脱位

关节脱位即脱臼，是指构成关节的上下两个骨端发生了

错位现象，让关节失去了正常的功能。根据关节脱位的程度，可以分为关节半脱位和关节完全脱位。前者是关节面部分错位，后者是关节面完全脱离了原来位置。在桑搏运动中较容易发生的关节脱位一般是由直接或间接外力作用所致，肩、肘、下颌及手指关节最易发生脱位，如摔倒时手撑地，可能引起肘关节或肩关节脱位。

关节脱位的症状表现大致有三种，一是关节处疼痛剧烈，二是关节的正常运动功能丧失，三是关节部位出现了畸形。关节脱位后，肢体中轴线发生变化，使整个肢体处于一种特殊姿势，并可以在异常位置摸到错位的骨端。正常关节隆起处塌陷，凹陷处则隆起突出。如肩关节前脱位时出现"方肩"畸形。原来柔软的腋下关节可以摸到脱位的肱骨头，原来丰满的三角肌处变得塌陷。临床上可分损伤性脱位、先天性脱位及病理性脱位等几种情形。关节脱位后，关节囊、韧带、关节软骨及肌肉等软组织也有损伤，另外关节周围存在肿胀、血肿的现象，若不及时复位，关节周围可能出现骨组织粘连，使关节不同程度丧失功能。若学员在训练中发生关节脱位的情况，应立即送医治疗。

（二）腕手关节的扭挫伤及骨错缝

挫伤是指人体软组织受到暴力作用造成皮下软组织出血的损伤。挫伤临床差别很大，轻度挫伤者表现为局部有疼痛、肿胀、压痛，有时会伴有一定的功能障碍；重度挫伤者可能会因皮下出血造成血肿，甚至休克，疼痛和功能障碍都会很明显。发生扭挫伤后，只要没有骨折，应遵循 PRICE原则，即保护 (protection)、休息（rest）、冰敷（ice）、加压（compression）、抬高（elevation），可在受伤后快速冲凉水或者冰敷受伤部位进行紧急处理。

（三）掌骨骨折

初学者在日常训练中，因动作僵硬、不熟练，对器械的不正确使用，在日常的训练中掉以轻心，出现分神情况，尤其是在进攻时采用错误的进攻动作，容易出现抓握失误，导致手掌部出现不确定因素的损伤。部分学员在空中落地时常常以手掌为着力点，手掌强撑垫面很容易发生掌骨骨折。

若发生掌骨骨折，首先找平面物品将腕手关节固定，以免造成第二次损伤，然后将伤者送往医院进行治疗。

学员在进行桑搏训练时可以采用绷带来保护手腕，增强手腕关节的稳定性，以起到支撑作用；同时绷带也可以减少跤服对手掌的磨损与伤害。学员在训练前用绷带缠手时注意，不要把手指缠得过紧，使自己的手指有适当的活动空间，否则更容易受伤。

（四）眉弓部的裂伤和鼻骨骨折

受钝性暴力作用所造成的组织破裂，伤口呈放射状，边缘不整齐，组织细胞挫裂较重，称为"裂伤"。

在桑搏日常训练中，两人通过互相抢把位展开进攻的同时容易出现脸部大面积撞击对手的情况，眉弓和鼻骨易发生裂伤或骨折。以跪地冲抱技术动作为例，学员自身在向前冲抱对手的同时，脸部需要往对手大腿或者盆骨外侧贴靠，从而衔接下一个技术动作，因动作不规范或者处理不当，很容易撞击到对手较为坚硬的部位，造成自身出现损伤。

若发生鼻骨骨折，立即送往医院救治并防止二次损伤。如果发生裂伤，应及时止血，并就医治疗。

（五）鼻出血

桑搏运动中最常见的一种创伤就是鼻出血。鼻部被撞击后会使鼻黏膜微血管破裂，而引起鼻出血，严重者可致鼻变形。

出现鼻出血时，身体微微前倾，用拇指、食指在鼻翼两侧压迫数分钟来止血（用口呼吸）。在条件允许的情况下，可将消过毒的棉球塞入鼻孔内，再在鼻翼两侧稍加施压，这样止血的效果更佳。另外还可用冷毛巾或冰袋敷在额部，也可止血。此外绝对禁止用力将头后仰起，这样的姿势会使鼻

血流入口中，慌乱中势必还会有一部分血液被吸进肺里，这样既不安全，也不卫生。

（六）肌肉拉伤

肌肉拉伤是人体在运动中较易发生的运动损伤，在进行剧烈运动时，身体的肌肉经过猛烈的收缩或者过度的拉长会导致肌肉纤维撕裂、肿胀及发硬。在出现这种情况后，会造成人体肌肉疼痛，无法继续运动的现象，严重时会影响人体接下来的活动，更为严重的可能会出现肌肉撕裂、断裂的情况。在桑搏运动中可能会出现腘绳肌拉伤、小腿三头肌拉伤等情况。

学员在训练时需要循序渐进，加强腿部肌肉锻炼，充分进行热身活动，保证每一个肌肉群都得到拉伸，在训练前可以进行原地拉伸和行进间的拉伸活动。训练完要及时进行拉伸和放松活动，如果出现不适需要及时反映情况。平时注意加强各部位肌肉的力量训练和柔韧性练习。

（七）膝关节内侧韧带损伤

膝关节内侧韧带损伤主要原因是暴力损伤。在运动前未完全活动开的状态下，技术动作不规范或用力过度导致拉伤。如在桑搏日常练习中，抱腿动作不规范很容易对膝关节内侧韧带造成损伤。发生损伤后，一般表现为肿胀、疼痛、行动受限等，需要及时送往医院检查，积极配合治疗。

在训练中如果发生这种情况，要及时进行冷敷，冷敷时间 10~20 分钟。此时应疏散其他队员，让受伤队员平躺在空旷地面上，避免在移动中引起二次损伤。情节严重者，可以服用一颗布洛芬来缓解疼痛，然后及时送往医院就医。

学员在训练前要进行充分的热身活动，保证每一个肌肉群都得到拉伸，可以适当进行原地拉伸和行进间的拉伸活动。平时注意加强小腿肌肉的力量和柔韧性练习，要选择适合运动项目的训练场地。训练时可以佩戴护膝，起到防护的作用。

（八）踝关节外侧韧带损伤

踝关节外侧韧带损伤是在生活中非常普遍但未被重视的一种损伤，在日常下楼或者踩空台阶的时候，如脚踝外侧落地，会出现肿胀、疼痛、行动受阻等情况。在日常训练前后应检查场地是否存在安全隐患，例如检查桑搏垫是否松动，垫面是否有其他障碍物等。在日常训练中不规范的技术动作常常也会导致踝关节外侧韧带损伤，如"直踝固""冲抱小腿"等技术动作。学员在桑搏垫上训练时一定要穿摔跤鞋，可以防止滑倒或扭伤。

在出现轻度踝关节外侧韧带损伤时，需要及时处理，不要坐着，脚踝不要悬浮空中，应平躺于空旷的地方，用冰块进行冷敷、收缩血管，简单处理之后可以擦拭红花油等外用药物改善血液循环。出现重度踝关节韧带损伤，先检查受伤者脚踝韧带是否断裂或骨折，受伤者脚踝是否出现踝关节整体肿胀、疼痛。如果有的话，应及时送往医院治疗。

学员在训练前要进行充分的热身活动，保证每一个肌肉群都得到充分拉伸，可以进行原地拉伸和行进间的拉伸活动。桑搏运动需要穿鞋对抗，在训练前检查鞋子是否合脚、舒适。

（九）半月板损伤

半月板位于膝关节的骨骼之间，由弹性软骨构成。长时间的剧烈运动可能会对半月板产生前后撕扯，非常容易造成急性损伤。半月板损伤在桑搏日常训练中比较常见，如做抱腿技术动作需要跪于垫面，而初学者在练习初期因技术动作不规范会加速对半月板的损伤。发生半月板损伤需及时就医治疗，否则很容易演变成陈旧伤。

三、桑搏运动中容易出现的运动性疾病

（一）脱水

脱水是指人体长期运动没有充分补充水分导致体内水分和电解质流失过多的现象。脱水在运动中比较常见，同时也是非常容易被忽略的。部分学员由于缺乏训练经验、饮食习惯不合理，将碳酸饮料、高糖饮料、奶茶等替代纯净水，在

训练时很容易发生运动性脱水的情况。主要症状为运动后感到恶心、头晕，伴随呕吐，可出现呼吸表浅，不停出汗、肌肉酸痛无力等。教练发现学员出现以上症状的时候，应该立刻停止练习，让学员平躺于地面，可以服用葡萄糖、生理盐水。轻微症状休息后就会好转，如果严重就要及时送往医院治疗。

（二）运动低血糖

运动低血糖是所有运动中会普遍发生的疾病。普通学生若初次接触桑搏运动，即使训练强度不高，也容易发生运动低血糖。运动低血糖发病的主要原因是长时间剧烈运动，体内的血糖被大量消耗，导致产生低血糖症状。高校很多学生因自身有低血糖或作息不规律，每天补充糖、蛋白质等达不到训练消耗要求，长时间运动使自身血糖减少就会出现相关症状。初学者情绪过于紧张，极度恐惧或者身体患病（特别是运动性贫血），在练习中也很容易出现症状，常常伴随心慌、手抖、出冷汗、面色苍白、四肢冰凉，严重者会出现休克、昏迷、晕厥，如果不及时进行抢救可能会导致死亡。

若学员出现运动低血糖症状时，应立即停止运动，迅速补充糖分。口服葡萄糖比较容易吸收，也容易满足血糖需求。如果 10~20 分钟后症状仍无缓解，推荐补充高糖食物，立即送往医院就医。

（三）肌肉痉挛

肌肉痉挛主要发病时期在冬季。在寒冷的环境中，肌肉受到冷空气的刺激，突然练习技术动作，例如站立投技、地面绞技等，使肌肉发生强直收缩。部分学员在初步练习桑搏运动时，由于自身缺乏活动意识或教练员安排的热身活动没有使身体机能达到一定高度，这时从事训练就很容易出现肌肉痉挛。因此，热身活动非常重要，如果在冬天没有充分做好准备活动，很容易出现肌肉痉挛。出现肌肉痉挛，可通过以下措施进行处理。

将痉挛缩短的肌肉向收缩的相反方向拉长是解除肌肉痉挛最简单有效的方法。一旦学员出现肌肉痉挛，应立刻停止练习。牵拉痉挛部位的肌肉有利于缓解疼痛。痉挛的位置一般发生在腿部，如果腿部出现痉挛应握住痉挛肢体脚趾，充分拉长腓肠肌。处理时要注意保暖，可采用热水浸泡等方式。

第二节　意外损伤的应急防护处理

在桑搏教学中，因为普通大学生以前没有专业运动经历，对桑搏运动缺乏相关认识，所以在教学课程中，教师与学生对于可能出现的运动损伤要有足够的预防和保护措施。

一、增强保护措施，积极开展预防损伤的宣传教育工作

学员要进行更加全面的训练，使身体更快适应该运动。在训练时要加强容易受伤以及相对薄弱部位的训练，提高身体机能，积极主动地预防伤病。在训练时要学会护具使用的正确方法，主要包括摔跤鞋、护膝、绷带等。

二、加强医务监督

在桑搏教学中，教师应建立健全学生的自我监督机制，要利用医学知识，对训练进行观察指导，保证学生的健康。在教学的整个过程中，要加强医务监督，更好地保护学生。如果学生出现头痛、恶心、呕吐等症状，应立即就医治疗。

大学生自己也要学习医务监督的相关知识，进行自我监督，根据自身的实际情况调整训练强度，以免造成不必要的伤病。

三、掌握正确的桑搏技术和练习方法

在桑搏运动中，受伤的一个重要原因是学员自身的技术不够成熟，尤其是防守技术。如果防守技术不够完善，只顾进攻，受伤的概率就会增加。只有加强自身的攻防意识，有攻有防，在实战中才能避免更多的伤病。另外，准备活动也

是非常重要的一部分。准备活动要根据训练的内容、天气情况以及学员自身情况来安排。注意活动量要适度，尤其是运动器官的局部负担和伤后的训练，要防止负担过重。

总而言之，桑搏运动作为对抗性项目，其自身技术独特，需长时间进行重复练习。只要我们多加注意，采取相应的保护措施，就可以降低受伤的风险。

第七章

桑搏课程大纲及考核标准
（第一学期）

一、课程基本信息

课程名称	大学体育（桑搏）	课程代码			修读性质	必修
		学时	总学时	理论	实践	学分	1
			32	4	28		
开课单位	体育学院	课程负责人			课程团队	
课程考核形式	分散	课程性质	必修课			
适应专业	非体育专业	先修课程				

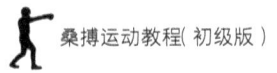

二、课程目标

（一）课程概要

从桑搏发展源流来看，桑搏摔跤技术内容很多是以日本柔道及柔术技术特点为基础发展起来的。日本武道的技术体系与文化内容是借鉴了中国武术，再结合本国文化精髓发展起来的。桑搏运动具有极强的东方文化特征，以及较高的防身自卫、强壮体魄的实用价值。通过竞赛、专项练习、素质练习检测等运动形式，使练习者增强体质，掌握技术，并培养坚韧不拔的意志品质。

（二）课程目标

课程目标 1

践行社会主义核心价值观，忠诚于党的教育事业，贯彻党的教育方针政策。具有高尚的教师职业道德修养，能为人师表，立志成为有理想信念、有道德情操、有扎实学识、有仁爱之心的"四有"好老师。（毕业要求 1：师德规范）

课程目标 2

扎实掌握桑搏知识体系、思想与方法，重点理解和掌握

桑搏的核心素养内涵；能理解桑搏相关知识并初步运用。（毕业要求 2：学科素养）

课程目标 3

通过桑搏教学实践活动，使学生初步获得桑搏实战体验。具备发现问题和解决问题的能力，创设有利于学生独立思考，探究桑搏学科知识的实战环境，有效地开展桑搏练习活动，指导和发展学生的学习和实践能力。（毕业要求 3：实践能力）

课程目标 4

充分理解桑搏的育人价值，在了解学生身心发展和教育规律基础上，能够结合桑搏知识对学生进行教育和引导。（毕业要求 4：综合育人）

课程目标 5

具有终身学习与发展意识，养成自主学习习惯，具有自我管理能力。了解基础教育改革发展动态，主动适应时代和教育发展需求。培养学生主动思考、独立理解分析、积极反思的学习习惯，为学生将来的实践研究打下基础。（毕业要求 5：学会反思）

课程目标6

理解学习共同体的作用，具有团队协作精神，掌握沟通合作技能，积极开展小组互助和合作学习。（毕业要求6：沟通合作）

（三）课程目标与毕业要求

课程目标	毕业要求	毕业要求指标点
课程目标1	毕业要求1：师德规范	1.1教师严于律己，为人师表，以立德为己任，努力做到以德立身、以德立学、以德施教，为学生树立榜样。
		1.2结合教学场所特点及课程特点，对学生进行正确引导，帮助学生养成良好的行为习惯，通过自我学习提高身体素质的能力。
课程目标2	毕业要求2：学科素养	2.1了解桑搏运动的概念、内容及发展简史，了解常见的运动损伤预防及处理方式，了解桑搏运动的基础知识，重点学习桑搏基础的站投技术和身体素质练习。
		2.2掌握桑搏的拳法、腿法以及实战技术要领、保护方法及练习方法，初步构建桑搏运动知识体系。

课程目标	毕业要求	毕业要求指标点
课程目标3	毕业要求3：实践能力	3.1掌握桑搏的基础摔技、锁技以及实战技术动作要领及运用体验。
		3.2通过相互动作纠错、小组合作、集体研讨等，创设有利于学生独立思考、探究学科知识的学习环境，培养学生发现问题和解决问题的能力，指导和发展学生的学习和实践能力。
课程目标4	毕业要求4：综合育人	通过对桑搏理论及技术动作学习，充分理解桑搏的育人价值，在了解学生身心发展教育规律基础上，能够结合桑搏知识对学生进行教育引导和身体锻炼。
课程目标5	毕业要求5：学会反思	通过完成课堂练习、课后练习、资料查询及实地调研任务，初步培养学生主动思考、独立理解分析、积极反思的学习习惯，并引导学生逐渐从自主学习、课程教学、学科理解等不同角度进行反思，为学生将来的实践研究打下基础。
课程目标6	毕业要求6：沟通合作	6.1具备较好的团队协作精神，积极参与小组合作学习，与小组成员相处融洽，愿意与合作方分享和讨论研究体验。
		6.2掌握日常的沟通技巧，具备畅通高效的沟通能力，善于与学习伙伴进行互助和合作学习，进行有效沟通交流，提高学习效率。

三、课程教学内容与学时分配

本课程理论教学 4 学时，实践教学 28 学时，共计 32 学时。

理论教学内容、要求及学时安排见下表：

序号	教学内容	主要知识点	教学重点和难点	建议学时	教学方式	对应课程目标
1	桑搏概述	1.桑搏的概念 2.桑搏的内容 3.桑搏的分类 4.桑搏的特点 5.桑搏的功能	桑搏的概念、内容及特点	1	讲授法、自主学习法	目标1 目标2
2	运动式桑搏竞赛规则	1.竞赛形式与方法 2.参赛运动员 3.裁判委员会与辅助人员 4.裁判规则 5.比赛场地设备	1.桑搏的比赛规则 2.桑搏比赛的裁判	3	讲授法、自主学习法	目标1 目标2
合计				4		

实践教学内容、要求及学时安排见下表：

序号	实践教学项目名称	项目类型	项目内容简述	建议学时	对应课程目标
1	专项身体素质	综合型	1.速度练习 2.专项力量 3.耐力练习 4.柔韧协调性练习	6	目标5
2	投技、固技	综合型	1.桑搏基础倒地技术（前倒、后倒、侧倒等） 2.桑搏基础投技（背投、夹颈摔等） 3.桑搏基础固技（四方固、袈裟固等） 4.桑搏绞技（肌肉切割、裸绞等）	10	目标3 目标4
3	桑搏手法、步法	综合型	1.基本手法：直拳、勾拳、摆拳及各类格挡动作 2.基本步法：上步、背步、撤步、盖步、滑步	4	目标3 目标6
4	基本技术（站、固技术）	综合型	1.站立投技 2.寝技 3.组合技	6	目标3 目标6
5	桑搏战术演练	综合型	1.桑搏投技实战教学 2.桑搏固技实战教学 3.桑搏绞技实战教学	2	目标5 目标6
合计				28	

四、课程考核评价方式与要求

（一）考核方式与课程目标的达成情况

课程目标	考核内容	评价依据/学习任务	对应毕业要求
目标3			
目标4	1.身体素质 2.站立投技 3.地面固技	1.课后练习 2.团队合作 3.相互帮助及纠错 4.小组汇报	毕业要求3：实践能力 毕业要求4：综合育人 毕业要求5：学会反思 毕业要求6：沟通合作
目标5			
目标6			

（二）考核方式及标准

1.考核方式

根据本课程内容进行实践操作，既有形成性评价，又有总结性评价，体现考核形式的多样化。

2. 总成绩评定

平时成绩	期末成绩		
考勤	理论	身体素质	柔道投技、固技
20%	10%	30%	40%

3. 平时成绩评定（20分）

教师根据学生学习态度、表现、考勤、课堂作业、平时参与锻炼等情况，按档次给分。学生必须出具参加竞赛活动的原始材料证明，复印件由任课教师保留存底。

（1）体育课缺勤、成绩评定及扣分办法：学生上课期间旷课一次在课堂表现和出勤成绩中扣5分，迟到扣2分，早退扣2分，病、事假扣2分（如扣完平时成绩20分后，还有扣分，就从总成绩内扣相应分数）。

（2）学生每参加一次由院（系）组织的体育竞赛活动，每项加5分。

（3）学生参加体育协会活动每次加2分（凭教师考勤和体育协会活动登记卡）。

（4）学生参加运动会开幕式表演活动加5分。

（5）学生参加学校组织的运动队训练，根据教练的评定，按档次给予2~6分。

4. 身体素质评定（30分）

一年级学生测试项目，第一学期：中长跑；第二学期：男子引体向上，女子仰卧起坐。

二年级学生测试项目，第一学期：中长跑；第二学期：一分钟跳绳。

按标准测试实际成绩得分。

5. 技术考试评分标准（40分）

投技、固技评分标准见下表：

项目	得分	评分标准	备注
投技	24~28	学生能够基本完成投技×3动作的演练，动作基本规范。	
	29~32	学生能够熟练完成投技×3动作的演练，动作比较规范。	
	33~36	学生能够熟练完成投技×3动作的演练，动作比较规范，手眼身法步配合协调。	
	37~40	学生能够熟练完成投技×3动作的演练，动作比较规范，手眼身法步配合协调，力量和技巧能够充分展现。	

项目	得分	评分标准	备注
固技	24~28	学生能够基本完成固技×3动作的演练，动作基本规范。	
	29~32	学生能够熟练完成固技×3动作的演练，动作比较规范。	
	33~36	学生能够熟练完成固技×3动作的演练，动作比较规范，手眼身法步配合协调。	
	37~40	学生能够熟练完成固技×3动作的演练，动作比较规范，手眼身法步配合协调，力量和技巧能够充分展现。	

五、选用教材及重要参考书

略。

第八章

桑搏课程大纲及考核标准
（第二学期）

一、课程基本信息

课程名称	大学体育（桑搏）	课程代码			修读性质	必修
		学时	总学时	理论	实践	学分	1
			32	4	28		
开课单位	体育学院	课程负责人			课程团队	
课程考核形式	分散	课程性质	必修课			
适应专业	非体育专业	先修课程				

二、课程目标

（一）课程概要

内容同第七章。

（二）课程目标

内容同第七章。

（三）课程目标与毕业要求

内容同第七章。

三、课程教学内容与学时分配

本课程理论教学 4 学时、实践教学 28 学时，共计 32 学时。

理论教学内容、要求及学时安排见下表：

序号	教学内容	主要知识点	教学重点和难点	建议学时	教学方式	对应课程目标
1	桑搏与传统文化	1.桑搏的文化特征与民族精神 2.桑搏与道德修养 3.桑搏与传统文化的相互关系	桑搏与道德修养	2	讲授法自主学习法	目标1 目标2
2	运动式桑搏竞赛规则	1.桑搏的比赛裁判实践 2.桑搏表演与欣赏	掌握运动式桑搏竞赛裁判规则	2	讲授法自主学习法	目标1 目标2
合计				4		

实践教学内容、要求及学时安排见下表：

序号	实践教学项目名称	项目类型	项目内容简述	建议学时	对应课程目标
1	1.桑搏倒地技术 2.桑搏投技 3.桑搏固技 4.桑搏绞技	综合型	1.桑搏倒地（前倒、后倒、侧倒等） 2.桑搏投技（背负投、夹颈摔等） 3.桑搏固技（四方固、袈裟固等） 4.桑搏绞技（肌肉切割、裸绞等）	12	目标3 目标4

序号	实践教学项目名称	项目类型	项目内容简述	建议学时	对应课程目标
2	桑搏技法分析	综合型	1.防身自卫知识与技法分析 2.肌肉切割的知识与技法分析 3.攻防运动的知识与技法分析	4	目标3 目标5
3	实战	综合型	1.进攻及防守意识练习 2.对抗性实战反应练习 3.实战练习	12	目标3 目标4 目标6
合计				28	

四、课程考核评价方式与要求

（一）考核方式与课程目标的达成情况

课程目标	考核内容	评价依据/学习任务	对应毕业要求
目标3	实战	1.团队合作 2.相互帮助及纠错 3.小组汇报	毕业要求3：实践能力 毕业要求4：综合育人 毕业要求6：沟通合作
目标4			
目标6			

桑搏运动教程（初级版）

（二）考核方式及具体要求

1.考核方式

根据本课程内容采用实践操作，既有形成性评价，又有总结性评价，体现考核形式的多样化。

2.总成绩评定

平时成绩	期末成绩		
考勤	理论	身体素质	柔道实战（综合应用）
20%	10%	30%	40%

3.平时成绩评定（20分）

教师根据学生学习态度、表现、考勤、课堂作业、平时参与锻炼等情况，按档次给分。学生必须出具参加竞赛活动的原始材料证明，复印件由任课教师保留存底。

（1）体育课缺勤、成绩评定及扣分办法：学生上课期间旷课一次在课堂表现和出勤成绩中扣5分，迟到扣2分，早退扣2分，病、事假扣2分（如扣完平时成绩20分后，还有扣分，就从总成绩内扣相应分数）。

（2）学生每参加一次由院（系）组织的体育竞赛活动，每项加5分。

（3）学生参加体育协会活动每次加2分（凭教师考勤和

体育协会活动登记卡）。

（4）学生参加运动会开幕式表演活动加 5 分。

（5）学生参加学校组织的运动队训练，根据教练的评定，按档次给予加 2~6 分。

4. 身体素质评定（30 分）

一年级学生测试项目，第一学期：中长跑；第二学期：男子引体向上，女子仰卧起坐。

二年级学生测试项目，第一学期：中长跑；第二学期：一分钟跳绳。

按标准测试实际成绩得分。

5. 技术考试评分标准（40 分）

项目	得分	评分标准	备注
绞技	24~28	学生能够基本完成绞技×3动作的演练，动作基本规范。	
	29~32	学生能够熟练完成绞技×3动作的演练，动作比较规范。	
	33~36	学生能够熟练完成绞技×3动作的演练，动作比较规范，手眼身法步配合协调。	
	37~40	学生能够熟练完成绞技×3动作的演练，动作比较规范，配合协调，突出速度、力量和演练技巧，且动作攻防表现突出。	

项目	得分	评分标准	备注
实战（综合应用）	24~28	在结业考试中能够熟练地运用各种投、固技术，且进攻和防守意识基本符合队内实战要求。	
	29~32	在结业考试中能够熟练地运用投、固技术，且进攻和防守意识基本符合实战要求。	
	33~36	在结业考试中能够熟练地运用投、固技术，且进攻和防守意识基本符合实战要求，基本可以参加地区性的桑搏比赛。	
	37~40	在结业考试中能够熟练地运用各种投、固技术，且进攻及防守意识非常强，基本可以参加地区性的桑搏比赛。	

五、选用教材及重要参考书

略。

附录
桑搏运动词汇（汉俄对照）

手—Рука

头—голова

桑搏 самбо

中国 Китай

武道 будо

摔跤 борьба

摔跤手 борец

臀部 зад

小腿 голень

脚踝（左右）лодыжка（левая и правая）

手腕（左右）запястье（левое и правое）

小臂 предплечье

前手直拳 джеб

勾拳 хук

侧踢 боковой удар ногой

脚—Нога

肘关节—Локтевое сочленение

俄罗斯 Россия

格斗 единоборство

莫斯科 Москва

摔跤垫 ковер для борьбы

腰部 поясница

背部 спина

大腿 бедро

大臂 плечо

后手直拳 кросс

摆拳 крючок

腓骨 малоберцовая кость

胫骨 большая берцовая кость

三角肌 дельтовидная мышца

肱二头肌 бицепс   肱骨 плечевая кость

腓肠肌 икроножная мышца

教练员 тренер   运动员 спортсмен

危险 опасность   压制 удержание

年龄 возраст   男 мужчина

女 женщина   禁止抓握 Запрещенный прием

规 Нарушение правил   积极比赛 активность

致痛技术 Болевой прием 出界 снаружи

4 分 4 балла   2 分 2 балла

1 分 1 балла   动作无效 Прием не считать

胜利 чистая победа   回合开始 начало борьбы

运动员入场 Представление участников

裁判 судья   医生 врач

护士 медсестра

技术秘书 Технический секретарь

副裁判长 заместитель главного судьи

体重 вес

淘汰赛 турнир с отсеиванием слабейших

复活赛 турнир с возвращением

申诉 Замечание　　　　警告 Предупреждение

淘汰 Объявление о снятии борцов

边裁 Боковой судья　　　仲裁 Арбитр

参赛队 участник　　　　红色 красный

蓝色 синий　　　　　　级别 класс

防身术 Самозащита　　　徒手 рукопашный

课程 предмет　　　　　青年 молодежь

攻防 нападение и защита 服饰 одежда

摔跤鞋 обувь для борьбы 肩胛骨 лопатка

勇气 смелость　　　　　毅力 воля

压力 давление　　　　　冠军 чемпион

北京 Пекин　　　　　　民族 национальность

斯拉夫人民 славянский народ

锦标赛 кубок　　　　　胜利日 день победы

纪念日 день памяти　　冠军赛 чемпионат

大学生 студент　　　　战斗式桑搏 боевое самбо

运动式桑搏 спортивное самбо

军队格斗术 Армейский рукопашный бой

武搏类项目词汇（汉俄对照）

武术 Ушу　　　　　　散打 Саньда

跆拳道 Тхэквондо　　柔术 Джиу-джитсу

柔道 Дзюдо   中国式摔跤 Шуайцзяо

拳击 Бокс   空手道 Каратэ

自由式摔跤 Вольная борьба

古典式摔跤 Греко-римская борьба

兵道（短兵）Фехтование на коротком оружии

泰拳 Тайский бокс

巴西柔术 Бразильское джиу-джитсу

自由搏击 Кикбоксинг

综合格斗 Смешанные боевые искусства

相扑 Сумо

缅拳 Бирманское боевое искусство

班卡苏拉 Пенчак Силат

菲律宾棍术 Арнис

图书在版编目（CIP）数据

桑搏运动教程 . 初级版 / 徐泉森主编 . — 太原：山西科学技术出版社 . 2024.5

ISBN 978-7-5377-6347-9

Ⅰ . ①桑… Ⅱ . ①徐… Ⅲ . ①摔跤技术 - 俄罗斯 Ⅳ . ① G886.2

中国国家版本馆 CIP 数据核字（2024）第 047907 号

桑搏运动教程（初级版）

SANGBO YUNDONG JIAOCHENG（CHUJI BAN）

出 版 人	阎文凯	
主 编	徐泉森	
策 划 编 辑	徐俊杰	
责 任 编 辑	徐俊杰	
封 面 设 计	许艳秋	
图 片 示 范	张鑫杰 张明阳 王尚燕	

出 版 发 行　山西出版传媒集团·山西科学技术出版社
　　　　　　　地址：太原市建设南路 21 号　邮编：030012
编辑部电话　0351-4922107
发行部电话　0351-4922121
经　　　销　各地新华书店
印　　　刷　山西苍龙印业有限公司

开　　　本　889mm×1194mm　　1/32
印　　　张　5.25
字　　　数　105 千字
版　　　次　2024 年 5 月第 1 版
印　　　次　2024 年 5 月山西第 1 次印刷
书　　　号　ISBN 978-7-5377-6347-9
定　　　价　40.00 元